0세부터 취학 전 어린이의 부모교육

매일 5분 54일 생활속 자녀교육

카도쉬북

머리말

자녀의 신앙과 바른 생활습관을 위한 지침서

아이를 임신 했을 때는 건강한 아기를 낳기만 하면 된다고 생각했는데 막상 낳고 보니 부모의 손길이 닿아야 할 곳이 너무나 많습니다. 아이는 저절로 크는 줄 알았는데 그것이 아닙니다. 첫아이를 키워본 경험으로 둘째 아이는 쉬울 줄 알았는데 당황할 적이 한두 번이 아닙니다. 아이들은 어쩌면 이렇게 반응이 다 다르게 나타나는지 모르겠습니다.

누구에게나 통하는 자녀교육 교본이 없을까요?
그런 육아법이 세상에 있기나 한가요?
저는 성경이라고 생각합니다. 왜냐하면 사람의 기원이 유일하게 성경에 기록되어 있으니까요. 제품을 만든 회사는 사용 설명서가 적힌 책자를 주듯이 성경이 그런 책이라고 생각합니다. 그런데 문제는 누구나 설명서를 읽고 이해하는데 익숙하지 않다는 점입니다. 사실, 고객들은 한눈에 딱 보여주는 샘플을 원합니다. 성경이 아무리 자녀교육에 좋은 책이라고 해도 이해하기가 쉽지 않습니다. 그래서 하나님은 샘플을 주셨나 봅니다. 바로 성경을 전수한 장본인이자 교본을 잘 활용하여 성공의 신화를 만들어가고 있는 유대 민족입니다. 저는 그들의 자녀교육 아이디어를 이 책에 소개했습니다.

세상에는 유대인 못지않게 훌륭하고 똑똑한 사람들이 얼마든지 많습니다.
그런데 어떻게 해서 유독 유대인들은 세상 사람들에게 총명하고 탁월하다는 이미지의 대명사가 되었을까요?
이 믿음과 신뢰가 어디서 생겨난 것일까요?
유대인 두뇌에 대한 신화는 어디까지 갈까요?
다른 민족에게는 없는 어떤 장점이 그들에게 주어졌을까요?
그들만의 사고방식, 그들만의 독특한 행동 양식이 있다면 무엇일까요?
유대인들에게 힘을 불어주는 그 어떤 특별한 가치는 무엇일까요?
이러한 의문에 가장 확실하고 분명한 답은 그들에게 성경이 있다는 사실입니다. 그들만의 독특한 사고방식과 행동양식도 성경에서 가져온 것입니다.

그런데 기독교인에게는 두 권의 성경이 있습니다.

그들과 무엇이 다른가요?

기독교에 성서가 있다면 그들은 성서적 사고방식을 생활로 가져다가 행동의 패턴을 만들었다는 점입니다. 유대인 부모들은 수천 년 동안 조석으로 자기 자녀에게 하나님 말씀을 전승해왔습니다. 밥 먹으며, 잠자며 생활 속에서 하였기에 가능했습니다.

자녀를 가르치는 가장 좋은 시간이 언제일까요?

먹을 때와 잠잘 때입니다. 먹을 때의 감사를 통해 하나님을 기억하고, 잠들기 전에 이야기를 읽어준다면 아이들은 정서와 지성뿐 아니라 미래 부모의 역할까지 배우는 것입니다.

하루 세 번 밥 먹을 때, 그리고 하루를 시작하는 시작과 마치는 저녁에 자신을 성찰하는 생활교육, 이런 요소들은 인간의 내면을 튼튼하게 합니다.

대니얼 라핀(D.Lapin)이라고 하는 랍비, 아침과 저녁, 두 차례 규칙적으로 자기 암시를 주는 문장을 암송한다든지, 성경책을 소리내어 읽는다든지, 규칙적으로 기도하는 습관을 가진 사람은 이미 신념을 굳히는 기법을 익힌 것이라는 말을 하였습니다. 단순히 긍정적인 생각을 품는 것으로도 좋은 사람이 될 수 있다는 말입니다.

이 책은 신생아에서부터 초등학교 입학을 앞둔 자녀의 신앙과 바른 생활 습관을 염두에 두었습니다. 특히 처음 부모가 되신 영아부 부모님들, 아이를 기독교의 신앙으로 양육하기 바라시는 분들이 이 책을 읽는다면 마음이 놓일 것입니다.

이 책으로 54일 동안 배워보십시오.
하루에 하나씩, 배우고 또 배워 보십시오. 여섯 개의 스토리를 한번 읽는 것보다 하나의 스토리를 여섯 번 읽어서 마음에 새겨지면 실천할 수 있습니다.
54일을 완주하시는 여러분이 되시기 바랍니다.

저자 이영희

이 책의 사용법

1. 이 책으로 우리 아이를 위해 하루에 5분만 공부하십시오.
2. 영아, 유치, 유년기 자녀를 둔 부모님들에게 이 책이 필요합니다.
3. 부모님은 이 책의 '실천해보세요'를 매일 읽은 후 확인 스티커를 붙이십시오.
4. 이 책은 총 6장, 54편으로 되어 있습니다. 하루에 한 편씩 마칠 때마다 부모님은 실천체크표에 확인스티커를 붙이십시오. 주일에는 소속한 교역자나 부서장에게 제출하고 사인을 받으십시오.
5. 주일은 쉽니다.
6. 소속한 부서에서는 성실하게 하신 부모님들에게 상을 주십시오.
7. 가정용, 선물용으로도 사용하면 많은 유익이 될 것입니다.

목차

머리말
이책의 사용법

1장 사랑스런 우리 아이 "이 말씀을 너는 마음에 새기고"

1주 가정에서 하는 자녀교육

- 1일(월) 교육하는 시간 정하기
- 2일(화) 부모는 영혼 양육 교사
- 3일(수) 하나님 사랑하기
- 4일(목) 본보기의 교과서
- 5일(금) 마음에 새기기
- 6일(토) 부모모델 체크하기

2장 사랑스런 우리 아이 "집에 앉았을 때"

2주 밥상머리 자녀교육

- 7일(월) 다같이 밥 먹는 날 정하기
- 8일(화) 밥상에서 하는 대화법
- 9일(수) 밥상예절 가르치기
- 10일(목) 편식 버릇 고치기
- 11일(금) 밥상 세팅하기
- 12일(토) 밥상 레시피

3장 사랑스런 우리 아이 "길을 갈 때"

3주 집밖에서 하는 자녀교육 I

- 13일(월) 하나님의 유아교육 명령
- 14일(화) 교실 밖 수업
- 15일(수) 낯가림
- 16일(목) 기도 훈련
- 17일(금) 번개가 칠 때
- 18일(토) 천둥 칠 때

4주 집밖에서 하는 자녀교육 II

19일(월) 무지개를 볼 때
20일(화) 저녁노을을 볼 때
21일(수) 꽃향기 맡기
22일(목) 들풀에서 배우기
23일(금) 먼 곳을 바라보기
24일(토) 씻기기

4장 사랑스런 우리 아이 '누워있을 때'

5주 침대머리 자녀교육 I

25일(월) 재우는 시간 정하기
26일(화) 부모 역할 배우기
27일(수) 엄마는 침대머리 선생님
28일(목) 축복의 시간 지키기
29일(금) 자장가 들려주는 방법
30일(토) 자장가 들려주기

6주 침대머리 자녀교육 II

31일(월) 잠자리 정돈하기
32일(화) 밤 인사 가르치기
33일(수) 책 읽어주기
34일(목) 잠투정 고치기
35일(금) 자다가 우는 버릇 고치기
36일(토) 마사지 해주기

5장　사랑스런 우리 아이 "일어날 때"

7주 일어날 때와 생활 속 자녀교육

37일(월) 3분 타임
38일(화) 아침 잠 깨우기
39일(수) 배변훈련
40일(목) 손 씻기
41일(금) 아이에게 사과하기
42일(토) 아이가 아플 때

6장　사랑스런 우리 아이 "취학 전까지"

8주 취학 준비 자녀교육

43일(월) 사랑 받는 시기
44일(화) 세 살에는 건강 챙겨주기
45일(수) 네 살에는 찬양을
46일(목) 다섯 살은 배움의 달콤함을
47일(금) 첫 입학식
48일(토) 학교생활 적응하기

9주 취학 준비와 그 밖의 자녀교육

49일(월) 교사에 대한 존경심
50일(화) 공부 잘하는 아이들의 특징
51일(수) 시험에 실패했을 때
52일(목) 나쁜 꿈을 꾸었을 때
53일(금) 예배와 창의성
54일(토) 착한 일을 했을 때 상주기

교사카드
에필로그

1장

사랑스런 우리 아이
"이 말씀을 너는 마음에 새기고"(신 6:6)

◆ 1주 ◆

가정에서 하는 자녀 교육

교육하는 시간 정하기 / 부모는 영혼 양육 교사
하나님 사랑하기 / 본보기의 교과서
마음에 새기기 / 부모모델 체크하기

실천체크표

_____ 반(소속)   자녀이름: 부모이름:

일	요일	실 천 하 기	점검스티커 (사인)
1일	월	먹이고, 재울 때 음악을 들려주었습니까?	
2일	화	'아이를 위한 네 가지 기도'를 해주었습니까?	
3일	수	아이의 귀에 '여호와를 사랑하라'라고 속삭여 주었습니까?	
4일	목	아이가 어려서 배운 것 중에서 어떤 것이 남아 있기를 바랍니까?	
5일	금	십계명 말씀을 써서 아이 방에 붙여 두었습니까?	
6일	토	1-10항목 중에 어떤 계명을 실천했습니까?	

본 교재 안에 있는 '실천해보세요'를 실천하였으면 본인의 사인이나 스티커를 붙이십시오. 만약 양친 부모가 실천하였으면 두 장의 스티커를 붙이십시오.
6일까지 마치면 이 책을 주일에 가지고 가서 담당자의 사인을 받으십시오.

사인 _____

 1일 월

교육하는 시간 정하기

"집에 앉았을 때에든지, 길을 걸을 때에든지, 누웠을 때에든지, 일어날 때에든지 이 말씀을 강론할 것이며."(신6:6-9)

언제 아이들은 잘 배울까요? 아이들은 배우기를 좋아하는 시기(age)와 타임(learning time)이 있습니다.

인간이 배움을 잘 흡수하는 시기에 대해 현대 기독교 교육의 선구자인 호레이스 부쉬넬(H.Bushnel)은 "어린이가 세 살이 되면 부모는 그의 인격 형성을 위해 자신이 평생 해야 할 일의 절반 이상을 해낸 것"이라고 했습니다.

그럼, 자녀를 교육하는 가장 좋은 시간(time)은 언제일까요? 먹을 때와 잠잘 때, 그리고 일어날 때라고 성경은 말하고 있습니다(신6:6-9참조). 즉 앉으나, 서나, 자나, 깨나, 생활에서 가르치라는 명령으로 아이들이 잘 배우는 시간에 네 번(네 때)을 반복해서 가르칠 것을 암시합니다. 왜 성경은 이런 시간을 정해 주었을까요? 무엇이든지 밥 먹듯이, 잠자듯이 항

상 하는 것은 습관화되어 제2의 천성이 되므로 꾸준히 지속할 수 있습니다. 또한 제 때에 먹이고 재우는 시간을 규칙적으로 하도록 교육하면 절도 있는 사람이 되게 합니다.

6개월이 지나면 먹이고 재우는 시간을 정하십시오. 12시간은 충분히 재우고 재우는 시간은 저녁 9시 전으로 정하는 것이 좋습니다.

먹고 자는 시간이 일정해야 배변의 좋은 생활 습관을 가질 수 있습니다. 잘 먹고, 잘 자고, 제때에 일어나는 생활만으로도 인성과 신체와 지성은 균형 있게 발달합니다.

실천해보세요

- 밥 먹는 시간에 들려주는 음악, 재울 때 들려주는 음악을 정해 놓고 들려주십시오. 소리에 민감한 아이는 음악을 들으면 무엇을 해야 하는지 압니다.
  예) 십계명 음반 CD2 밥상머리 기도송(카도쉬 출판), CD 1집 14번 자장곡

2일 화

부모는 영혼 양육 교사

건물을 지을 때 기초 공사가 중요하듯이 영아기는 인생의 기초가 되는 생활 습관을 훈련받는 시기입니다. 이때는 올바른 식습관과 수면 습관이 중요합니다.

신생아는 먹는 시간 외에 20시간을 잡니다. 그러나 잘 먹이고 재운다고만 교육이 되나요? 그런 일은 동물들도 잘합니다. 그들은 인간 못지않게 제 새끼 잘 걷어 먹이고 재웁니다. 하나님은 인간 됨됨이를 위해서 먹고 자고, 일어나는 시간에 아이의 영혼을 지키라고 하십니다. 우리가 하루에 세끼 밥을 챙겨 먹듯이 영혼의 밥도 때맞춰 챙겨 먹이면 인간 내면과 정신세계가 풍요로워집니다. 신앙 교육은 특별한 시간에, 특별한 날, 특별한 장소를 찾아가서 어쩌다 하는 것도 의미가 있지만 가정에서 아이가 먹고, 자는 시간에 하면 꾸준히 지속할 수 있습니다.

신명기 6장의 말씀은 결국, 아이 곁에는 부모가 있어야 하고 부모가 아무리 바빠도 먹여주고 재워 주는 일은 할 수 있

으니 이때를 말씀 먹이는 '영의 교육 시간(nurturing soul time)'으로 활용하라는 말씀입니다. 부엌에서 음식 만들고 밥상 잘 차리는 사람을 '살림꾼'이라고 합니다. 영혼의 양식인 말씀의 밥을 먹여서 영을 살리는 '꾼'이 되십시오.

아이와 떨어져 지내는 부모는 기도로 영향을 끼칠 수 있습니다. 아이에게 해줄 축복 기도문을 써보십시오. 성경에서 마음에 드는 축복의 말씀도 정해보십시오.

실천해보세요

- 아이를 위한 네 가지 기도를 해주세요.
"예수님, 제 아이가 학교에 다닐 때 현명한 스승을 주시고, 성경을 배울 때에 지혜를 주시고, 직업을 갖게 될 때에 형통하게 하시고, 결혼할 나이에 주께서 예비하신 배필을 순조롭게 만나게 하옵소서."(학업, 지혜, 직업, 결혼)

3일 수

하나님 사랑하기

"네 하나님 여호와를 사랑하라."(신6:5)

성경은 왜 먼저 '하나님을 사랑하라'고 명령할까요? 유아들이 보이지 않는 하나님을 사랑할 수 있을까요? 여호와를 사랑하는 방법을 가르친다고 알까요?

'엄마는 너를 사랑해'라는 말과 '너는 엄마를 사랑해라'라는 두 가지 화법에서 어떤 말이 '사랑'의 실체를 배우기 쉬울까요?

교육이란 내가 해 보는 것입니다. 사랑을 표현해 봐야 사랑이 무엇인지 압니다. 직접 해보는 경험만이 남는 것입니다. 배움은 해보는 것입니다. "여호와를 사랑하라"는 것은 하나님께서, '보이지 않는 나를 사랑해봐. 그러면 이해관계를 떠나 낯선 이웃을 사랑할 줄 알게 된다.'는 것을 가르쳐 주시기 위함이 아닐까요. 그렇다면 하나님이 요구하시는 사랑은 아주 적극적입니다.

　아이는 잘해주는 사람과 잘해주지 않는 사람을 냉정히 구분하고 잘해주는 사람을 따릅니다. 그렇지만 하나님은 사랑을 하는(do) 적극적인 사람이 되기를 원하십니다. 보이지 않는 미지의 대상을 경외하게 되면 믿음이 되며 비전이 될 수 있습니다. 세상을 사랑으로 품는 큰 사람이 됩니다. 무엇보다도 아이는 부모가 성경책을 어떻게 다루는지, 예배와 기도의 태도를 보고 하나님을 배웁니다.

　아이의 바이올린 레슨 시간은 엄수하라고 가르치면서 예배는 단골 지각을 하고 있지는 않습니까?

　여러분은 진정으로 하나님을 사랑하십니까?

실천해보세요

- 아이의 귀에 '여호와를 사랑하라'라고 속삭여 주세요. 자녀에게 '엄마는 OO를 사랑해'라고 들려주세요. 그리고 나서 '엄마도 OO의 사랑을 받고 싶어요'라고 해보세요.
- 아이가 어떻게 사랑을 표현하는지 관찰해 보세요.

4일 목

본보기의 교과서

"이 말씀을 너는 마음에 새기고"(신6:6)

하나님은 부모에게 자녀를 부지런히 가르치라고 명령하기 전에 "너는 마음에 새기고"라고 하셔서 부모가 먼저 배우되, 가슴에 새기도록 철저히 배우라고 명령하셨습니다. 말로 가르치는 것보다 확실하고 좋은 교육은 본보기(sampling)입니다. 부모가 생활에서 본이 된다는 것이 어려운 것 같지만, 부모가 십계명을 배운다면 막연한 일만은 아닙니다. "이 말씀"이란, 하나님을 경외하고 이웃을 사랑하라는 계명이 모여 있는 십계명을 뜻합니다(신명기 5장과 6장을 비교하십시오).

본보기의 교과서는 부모가 아니라 십계명입니다. 본보기의 텍스트가 선명하면 모델 역할이 훨씬 쉽습니다.

왜, 십계명을 부모가 먼저 배워야 할까요? 믿음과 생활의 표준(canon)이 십계명이기 때문입니다.

　십계명은 숨겨진 커리큘럼(hidden curriculum), 즉 행동으로 보여주는 본의 표준입니다. 하나님의 지문과 형상으로 새겨진 십계명은 하나님의 성품을 반사합니다.

　십계명을 배우되 마음에 새기도록 철저히 배워야 할 학생은 자녀가 아니라 일차적으로 부모입니다. 이 말씀은 영아부가 부모 교육을 우선해야 할 근거가 됩니다.

실천해보세요

- 여러분은 우리 아이가 어려서 배운 것 중에서 어떤 것이 나이가 든 뒤에까지 남아 있기를 바라나요?
- 출20:1~17의 십계명 전문을 열흘 단위로 하루에 한 계명씩 아이에게 읽어 주세요. 한달이면 세 번을 반복할 수 있습니다.

 5일 금

마음에 새기기

- 십계명 전문 쓰기(출20:1~17)

  검정 펜으로 또박또박 정자로 쓰십시오. 장, 절은 파랑색으로, 핵심 단어는 노랑색을 칠해서 눈에 띄게 하십시오.

실천해보세요

- 어떤 계명을 특별히 마음에 새겨 두고 싶나요?
- 십계명 말씀을 새 종이에 써서 아이 방에 붙여 두세요.

 **6일** 토

부모모델 체크하기

• 아래 문항의 번호에 '예'는 동그라미, '노력 중'은 세모로 체크하십시오.

0. 창조주요, 생명의 주인이시며 우리의 구원자이신 3위 1체 하나님을 믿습니까?
1. 아침에 일어나서 먼저 생명을 주신 하나님께 감사드리는 본을 보이고 있습니까?
2. 우리 민족의 우상 섬긴 죄를 대신 회개하고 성경의 권위를 존중하는 태도를 보이고 있습니까?
3. 예수님 이름으로 기도하고 선을 행하는 사람이 되려고 노력하고 있습니까?
4. 주일에는 가족이 모두 교회에 나와서 예배하는 거룩의 본을 보이고 있습니까?
5. 노부모님과 사회의 어른들에게 예절 바른 본을 보이고 있습니까?

6. 언성을 높여서 화내지 않으며 가족에게 친절한 본을 보이셨습니까?//

7. 부부가 서로를 존중하며 예절바른 본을 보이고 있습니까?

8. 가족의 물건을 정중히 허락받고 사용하는 본을 보이셨습니까?

9. 아이 앞에서 험담이나 비난을 삼가고 진실만을 말했습니까?

10. 주신 것에 감사하고 절제하며 이웃과 나누는 실천의 본을 보이셨습니까?

실천해보세요

- 1-10항목 중에 어떤 계명을 실천했습니까? 하나씩 노력하다 보면 언젠가는 멋진 모델이 되어있는 자신을 발견하게 될 것입니다.

Tip

밤에 불을 켤 때 하는 기도

빛들을 창조하신 우주의 왕 복되신 우리 하나님,
당신을 찬양합니다 (아멘)

유대 부모의 밤 기도

우주의 주인이신 하나님, 내가 내 자신에게 죄를 지었거나 누군가가 나에게 실례를 범했거나 내게 화를 낸 어떤 사람이든지 용서합니다.
나의 몸, 나의 돈, 나의 명예를 거슬리게 하였든지, 의도적이나 우발적이나, 부주의해서 생각 없이 그랬든지, 말과 행동과 생각의 관념이나 그 어떤 것이든지, 이러한 범죄가 나와 상관없는 어떤 이의 범죄일지라도 나는 모든 유대인을 용서합니다.
나 때문에 하나님께 징계를 받는 사람이 하나도 없기를 바랍니다.
나의 조상의 하나님, 나의 하나님이시여, 당신의 뜻이라면 당신 앞에서 내가 지은 모든 죄를 당신의 한량없는 인자로 씻어주시고 고통이나 병으로 나를 침상에 눕게 하지 마옵소서.
나의 입의 말과 나의 마음의 묵상이 당신 앞에 열납 되기를 바랍니다.
나의 반석이요, 나의 구속자이신 주님이시여.

2장

사랑스런 우리 아이
"집에 앉았을 때"(신 6:7)

◆ **2주** ◆

밥상머리 자녀교육

다같이 밥 먹는 날 정하기 / 밥상에서 하는 대화법

밥상예절 가르치기 / 편식 버릇 고치기

밥상 세팅하기 / 밥상 레시피

실천체크표

_____ 반(소속) 자녀이름: _____ 부모이름: _____

일	요일	실 천 하 기	점검스티커 (사인)
7일	월	가족이 다같이 밥 먹는 요일과 시간을 정하였습니까?	
8일	화	밥상에서 '감사기도 하기'를 실천하였습니까?	
9일	수	'밥상 예절' 중 몇 개를 실천하였습니까?	
10일	목	밥 먹기 전 구제통에 동전을 떨어뜨리도록 하였습니까?(주1회)	
11일	금	아이에게 감사기도를 하도록 가르치셨습니까?	
12일	토	유아용 앞치마와 의자를 마련해 두셨습니까?	

본 교재 안에 있는 '실천해보세요'를 실천하였으면 본인의 사인이나 스티커를 붙이십시오. 만약 양친 부모가 실천하였으면 두 장의 스티커를 붙이십시오.
12일까지 마치면 이 책을 주일에 가지고 가서 담당자의 사인을 받으십시오.

사인 _____

7일 월

다같이 밥 먹는 날 정하기

"집에 앉았을 때에든지"(신6:7)

가족이 한자리에 모여 앉는 장소가 어디입니까? 밥상이 아닐까요.

따라서 이 명령은 가족이 모여 있는 밥상을 교육의 장으로 활용하라는 말씀으로 이해됩니다. 밥은 커녕 부모가 아이와 대화할 시간도 부족할 때도 많지만, 그래도 최소한 가족의 얼굴을 볼 수 있는 곳이 밥상입니다. 매일은 못하더라도 적어도 일주일에 한번은 가족이 밥상에 둘러앉아 밥 먹는 날과 시간을 정해 보십시오. 가족의 휴식, 명절이나 공휴일, 주말과 주일을 교육하는 날로 활용하면 좋습니다. 밥상은 가족의 연합과 소통의 장입니다.

밥상에서 하는 대화가 왜 좋은 교육이 될 수 있을까요? 밥상에서 감사를 배우며, 밥상은 오감을 동원한 학습장입니다.

또한 사람은 맛있는 음식 앞에서 착해집니다. 착할 때 아이들은 말을 잘 듣습니다.

밥상 앞에서 심성이 순화 되는 것은 음식을 씹을 때 나오는 세로토닌 호르몬의 효과라고 합니다. 음식을 씹는 동안 뇌에서 분비되는 세로토닌 호르몬이 스트레스를 줄이고 행복감을 느끼게 합니다. 그리고 사랑하는 사람이 먹는 모습만 봐도 배부른 것은 옥시토신 분비가 늘어나기 때문입니다. 그런데 이 좋은 호르몬들은 혼자 밥 먹을 때는 나오지 않다가 함께 떠들며 같이 먹을 때 솔솔 많이 나온답니다.

실천해보세요

- 가족이 다같이 밥 먹는 요일과 시간을 정하셨나요?
- 그날은 가족 모두가 바쁜 일과를 미루어 놓았나요?

8일 화

밥상에서 하는 대화법

'밥상머리'란 말에서 '머리'란 '마주 하는 자리'라는 뜻입니다. 밥상이 단지 먹는 개념이 아니라 '대화가 있는 자리'라는 말입니다.

밥상에서의 첫 번째 대화는 '감사'입니다. 음식을 앞에 놓고 감사를 하면 편식 버릇도 고칠 수 있습니다. 감사를 모르면 밥상에서 싸웁니다. 밥상에서 드리는 감사 기도는 자연과 우주와 하나님을 만나고 이웃을 만나는 계기가 됩니다.

두 번째의 대화는 '많이 먹어'라고 격려하는 것입니다. 서로 많이 먹이려는 밥상에서 가족의 사랑을 배웁니다. 음식은 인간의 마음과 성품과 행동은 물론이고 가장 중요한 사람의 생명을 살립니다. 그러니 밥은 배부르게 먹어야 합니다. 세 번째는 좋은 일을 생각해내는 대화입니다. 지난 한 주간 동안, 또는 오늘 하루 동안 '무슨 좋은 일이 있었나요?' 또는 '무슨 착한 일을 하셨나요?'라는 주제로 대화를 해보십시오. 아버

지가 밥상에서 아이에게 물을 따라주는 일도 좋은 일입니다. 좋은 대화는 사람의 기운을 돋우어 줍니다. 밥상머리와 침대머리는 가정에서 하는 최초의 교실입니다. 세 살 미만은 책상이 아니라 밥상과 침상을 잘 챙겨주는 것입니다.

밥 먹을 때(집에 앉았을때) 감사를 가르치고 잠자기 전에 축복해 주십시오.

밥을 다 먹고 나서도 감사기도 하는 것을 잊지 마십시오.

실천해보세요

- 밥 먹기 전에 기도: 맛있는 음식으로 우리 몸을 자라게 하시는 하나님, 예수님 이름으로 잘 먹겠습니다. 아멘.
- 밥 먹고 나서 하는 기도: 배부르게 먹여주셔서 감사합니다. 예수님 이름으로 감사합니다. 아멘.
- 재울 때 하는 기도: 오늘 밤에도 우리 아이를 지켜 주시는 예수님의 이름으로 감사합니다. 아멘.

 9일 수

밥상예절 가르치기

밥상 앞에서 아이에게 예절을 가르쳐 주십시오.
1. 밥상에 앉기 전에 손을 씻고 자리에 앉습니다.
2. 가족이 기다리지 않게 밥상에 즉시 와서 자리에 앉습니다.
3. 수저나 젓가락을 든 채 기도하는 것은 은혜롭지 못합니다.
4. 어른이 먼저 자리에 앉아 축복 후 가족이 수저를 듭니다.
5. 어른에게 '먼저 드세요'라고 권합니다(삼상9:13참고).
6. TV는 밥 먹기 30분 전에 끄고, '스마트 폰을 들고 오지 않는다'는 규칙을 가족과 미리 정해둡니다.
7. 장 보는 비용에 대한 불만이나, 요리하느라고 힘들었다는 생색은 내지 않습니다.
8. 식사는 매번 같은 장소에서 하는 것이 기본입니다. 돌아다니면서 먹으려는 아이의 버릇을 고치려면 식탁이나 밥상에 앉는 위치까지 정해두는 것이 좋습니다. 아이가 어려서 식사할 때 도움이 필요하다면 엄마나 아빠가 쉽게 도와줄 수 있도록 자리를 배치해도 좋습니다.

9. 밥 먹으며 '지난 한 주간 동안 무슨 좋은 일이 있었나요?'를 주제로 삼아 대화합니다.
10. 다 먹은 후, 배부르게 먹여주신 하나님의 은혜에 감사하고 부모님께도 감사의 말을 하고 자리에서 일어납니다.

실천해보세요

- 위의 10개의 항목 중 몇 개만이라도 실천해보세요. 이 외에 또 어떤 좋은 밥상 예절이 있는지 여러분의 새로운 생각을 적어 보세요.

- 2세 미만의 유아는 밥을 흘리고, 장난하고, 정신없이 돌아다니며 밥상을 휘젓곤 합니다. 우유를 먹일 때도 혼자 먹게 두지 말고 품에 앉고 수유하세요.

 10일 목

편식 버릇 고치기

"그런즉 너희가 먹든지 마시든지 무엇을 하든지 다 하나님의 영광을 위하여 하라"(고전10:31)

사람마다 밥을 먹는 이유와 목적이 다릅니다. 다섯 살 형진이에게 "왜 밥을 먹나요?"라고 물었더니 "형아를 때려 주려면 힘이 세야 하니까요."라고 대답합니다. 목적은 이상하지만 밥이 에너지원이 된다는 것은 알고 있습니다.

성경이 가르쳐 준 먹는 목적이 중요한 이유는, 하나님의 영광을 위해 살고자 먹는 사람은 음식이 하나님과 이웃을 봉사할 에너지가 되기 때문입니다. 하나님의 영광이 드러나는 곳이 바로 우리 이웃입니다.

편식하거나 밥을 먹지 않으려고 달아나는 아이에게 먹이려고 밥그릇 들고 쫓아 다니지 마십시오. 그 대신 왜 밥을 먹어야 하는지, 분명한 성경의 목적을 가르쳐 주십시오. 그리고

다음의 다섯 가지를 점검하고 실행해보십시오.

1. 편식하는 반찬은 특별한 그릇에 소량을 담아 주십시오.
2. 텔레비전 앞에서 밥을 먹으면 음식을 골고루 섭취할 수 없습니다.
3. 잘 먹던 아이가 식욕이 떨어지면 건강에 문제가 있는지 관찰하십시오.
4. 식욕을 돋구어 주는 밥상의 5가지 요소가 있습니다. 이 중에서 몇 가지를 실천해보십시오.
   1)맛있는 음식과 평소와 다른 새 그릇 2)깨끗한 의상
   3)감사와 축복 4)구제통(쯔다카) 5)용서와 화해의 대화

실천해보세요
- 밥투정을 하는 아이가 평소에 밥을 먹기 전에 구제통에 동전을 떨어뜨려왔다면 밥을 먹어야 구제통에 동전을 넣을 수 있다고 말해주세요.

11일 금

밥상 세팅하기

가정 예배를 드리십니까?

밥을 먹으며 가족이 함께 예배를 드리는 시간을 가지십시오.

예수께서는 제자들과 밥을 먹으며 예배와 교육과 친교와 봉사, 화해의 시간을 가지곤 하셨습니다(요21:12~13, 막14:22~25참고). 하나님도 밥 때 되어 심방을 다니셨습니다(창18:1~9, 19:1~3참고). 아브라함의 집에는 점심때 맞춰서, 롯에게는 저녁때 맞춰서, 부활하신 예수님은 저녁에 가셔서 "여기 무슨 먹을 것이 있느냐"고 하시고 구운 생선 한 토막을 잡수시고 축복하셨습니다(눅24:29~30, 41~43참고).

하나님은 왜, 꼭, 밥 때 맞춰 찾아다니실까요? 가족을 한자리에 다 만날 수 있고 축복을 주기 위해서입니다. 밥상이 단지 밥만 먹는 자리가 아니라는 것을 성경이 보여줍니다.

일주일에 한번은 온 가족이 밥상에 둘러앉아서 연합하며, 예배와 교육과 친교의 시간을 가져보십시오. 그리고 따뜻한 음식을 먹이십시오. 예수님은 항상 신선한 재료와 따뜻한 음

식을 먹이셨습니다.

"지금 잡은 생선을 좀 가져오라"(요21:10)

• 일주일에 한번 밥상 세팅하기

1. 밥상장식용 꽃 2. 하얀 식탁보 3. 구제통(쯔다카) 4. 교육을 위한 주 메뉴-적 포도주스와 식초, 구운 생선(또는 생선가스), 삶은 달걀, 아몬드, 보리밥. 그 외에 푸짐한 음식 5. 정장 차림의 옷 한 벌

실천해보세요

- 가족에게 따뜻한 음식을 먹이셨나요?
- 세 살 정도가 되었으면 아이에게 감사 기도를 시켜보세요.

12일 토

밥상 레시피

 적포도주스와 식초, 구운 생선(또는 생선가스), 삶은 달걀, 보리밥, 아몬드(후식).
 이 음식들은 예수님의 구속과 성도의 부활을 기억나게 합니다.

1. 적포도주스: 포도즙은 예수님과 보혈 그리고 임종 전에 드신 해융에 적신 신 포도주가 생각납니다. 포도주스를 마신 후, 컵에 식초 몇 방울을 떨어뜨려 마시면서 예수님의 십자가 고통을 음미합니다(눅22:17~20, 요15:1~5, 요19:29~30 참고).
2. 구운 생선(또는 생선가스로 대체할 수 있습니다): 예수께서 부활하셔서 드신 음식이 구운 생선입니다. 또한 갈릴리의 아침상에 올려졌던 요리도 생선이었습니다. 물고기는 기독교가 부활의 종교임을 상징합니다(눅24:42, 요21:9~13참고).
3. 삶은 달걀: 병아리는 두 번 태어납니다. 한번은 달걀로, 두

번째는 알을 깨고 태어나야 하듯이 달걀은 기독교에서 거듭남과 부활의 상징이 되어 있습니다.

4. 보리밥: 예수님은 보리의 첫 열매를 흔들어 바치는 초실절 아침에 부활하셨습니다. 무르익을수록 고개 숙이지 않는 보리는 하나님의 공의로운 심판과 예수님의 부활과 십계명 두 돌판을 생각나게 합니다(레23:9~15참고).
5. 아몬드(이스라엘 살구 열매): 이스라엘 나라의 나무에서 난 첫 열매가 아몬드입니다. 하얀 살구꽃이 눈부신 겟세마네 동산에서 예수님은 부활하셨습니다. 아몬드는 부활의 첫 열매되신 예수님과 장차 우리의 부활을 상징합니다(민 17:8, 출25:34참고).

실천해보세요
- 세 살이 되면 가족의 밥상에 앉아서 먹게 해주세요.
- 유아용 앞치마와 의자를 마련해 두셨나요?

Tip

밥상 예배 순서

1. 가족이 준비 된 밥상에 둘러앉는다.
2. 축복예식

   1) 가족이 일어서서 어머니께 사례한다.

   "덕행 있는 여자가 많으나 그대는 모든 여자 보다 뛰어나다 하느니라 고운 것도 거짓되고 아름다운 것도 헛되나 오직 여호와를 경외하는 여자는 칭찬을 받을 것이라"(잠31:29-30)

   2) 노부모님(아버지 또는 어머니)이 손 자녀(자녀)에게 축복한다.

   "여호와는 00(손자손녀이름)에게 복을 주시고 너를 지키시기를 원하며 여호와는 그의 얼굴을 00게 비추사 은혜 베푸시기를 원하며 여호와는 그 얼굴을 00게로 향하여 드사 평강 주시기를 원하노라"(민6:24-26)

3. 쯔다카 예식 : 가족 중 제일 나이 어린 자녀가 동전을 통에 걷는다.
4. 화해의 예식

   1) 아버지가 화해를 상징하는 포도주스를 따라주며 말한다.

   "우리가 예수님께 모든 죄를 용서받았듯이 지난 한

주간 동안 고의적이든지 실수였든지 어떤 허물과 잘못도 모두 용서하고 화해하자!"
5. 음식에 대한 축사 예식
   1) 가족 중 한 사람이 음식에 대한 감사를 드린다.
   "이 음식을 먹는 우리 식구 모두가 강건하고 얼굴에 빛을 주시며 하늘의 영광을 위해 살게 하옵소서. 예수님의 이름으로 아멘"
   2) 자녀 중에 반찬에 대한 축사를 드린다.
   "여러 가지 반찬을 주신 주님께 감사드립니다. 예수님의 이름으로 아멘"
6. 음식을 먹으며 대화를 나눈다. 지난 한 주간 어떤 빛된 일(좋은 일)을 했는지 이야기를 나눈다.
7. 영의 양식을 먹는다. 암송할 말씀을 미리 준비해서 가족에게 암송 카드를 나누어준다.
8. 다 먹고 나서 가족 중 대표 한 사람이 기도한다.
   "땅과 바다의 소산으로 배부르게 먹여 주신 주님, 감사합니다. 예수님의 이름으로 아멘"
9. 가족이 찬송하며 일어선다. 찬송은 소화를 돕는다. 함께 설거지를 한다.

3장

사랑스런 우리 아이
"길을 갈 때"(신6:7)

◆ 3주 ◆

집밖에서 하는 자녀교육 I

하나님의 유아교육 명령 / 교실 밖 수업

낯가림 / 기도 훈련

번개가 칠 때 / 천둥 칠 때

실천체크표

_____ 반(소속)   자녀이름: 부모이름:

일	요일	실 천 하 기	점검스티커 (사인)
13일	월	승용차 뒷좌석에 유아용 안전 의자를 마련하고 아이를 뒷좌석 의자에 앉혔습니까?	
14일	화	아이와 손잡고(업고) 마을이나 공원을 산책하는 시간을 가져 보았습니까?	
15일	수	외출할 때 말씀을 들려주었습니까?	
16일	목	'하루에 열 번 이상 감사기도를 실천하였습니까?	
17일	금	집의 전등불을 다 끄고 이불 속에서 손전등을 켜서 움직이는 놀이를 해 보았습니까?	
18일	토	아이와 두드리는 놀이를 해 보았습니까?	

본 교재 안에 있는 '실천해보세요'를 실천하였으면 본인의 사인이나 스티커를 붙이십시오. 만약 양친 부모가 실천하였으면 두 장의 스티커를 붙이십시오.
18일까지 미치면 이 책을 주일에 가지고 가서 담당자의 사인을 받으십시오.

사인 _____

13일 월

하나님의 유아교육 명령

"길을 갈 때에"(신6:7)

이 명령이야말로 아이를 몇 살부터 가르쳐야 하는가? 언제가 좋은 기회냐? 라는 질문에 분명한 답을 줍니다.

누가 길 여행에 부모와 동행합니까? 영유아들은 부모 손을 꼭 잡고 놓지 않으려고 합니다. 아이를 '업고, 안고, 손잡고, 유모차에 싣고' 동행할 때, 이 기회를 놓치지 말라는 말씀입니다. 교육의 관점에서 아이를 유모차에 싣고 길 여행을 하는 것과 업고, 또는 안고 하는 여행에는 차이가 있습니다. 길을 걸을 때 가르치라는 이 말씀을 존. 볼비(John. Bowlby)가 말한 애착이론(Attachment theory)에서 보자면 애착 대상인 부모에게 '달라붙는 시기'가 교육의 기회입니다.

유아들은 양육자를 근처에 두고 자기의 안전기지로 삼습니다. 양육자가 눈에 보이지 않으면 분리불안, 또는 격리불안

증을 겪을 만큼 애착관계가 단단합니다. 학생이 교사에게 꼭 붙어 있는 이때는 가장 좋은 교육의 기회입니다. 선생님만 보면 달아나는 아이를 붙들고 교육하기란 쉽지 않습니다.

오늘은 아이와 어디를 다녀 오셨나요? 그곳에서 아이는 무엇을 듣고 보았을까요? 아이의 심상에 무엇이 남겨져 있을까요?

'벽돌에 글씨를 새기려면 굽기 전에 새겨야 한다' 는 말이 있듯이 거룩한 말씀을 새겨 주려면 꼭 달라붙어 있는 초기의 발달 시기를 놓치지 말아야 합니다.

실천해보세요

- 아이를 데리고 승용차로 외출할 경우 유아용 안전 의자를 뒷좌석에 마련하고 어린이는 뒷좌석에 앉는 습관을 훈련하세요.
- '아기가 타고 있어요' '아기가 타고 있어서 속력이 늦는 것을 양해해 주십시오. 경보음은 살살 눌러주시면 고맙겠습니다.' 라는 작은 포스터를 자동차에 붙이세요.

 14일 화

교실 밖 수업

"길을 갈 때에"(신6:7)

이 명령은 앞에서 말했듯이 교육의 대상과 시기를 암시하지만 영유아들의 교수법을 가르쳐 주는 말씀이기도 합니다.

아이들은 어떤 방법으로 잘 배울까요? 아이들은 집밖으로 나가기만 하면 일단 좋아합니다. 이 말씀은 아이는 자연에서 키우라는 의미이기도 합니다. '길을 걸을 때'는 몸이 흔들립니다. 아이를 가르칠 때 집안에 앉아서 조용히, 얌전히 배우는 것보다 몸을 흔들며 배우면 혈액 순환이 잘 되어 뇌는 맑은 산소를 많이 공급 받습니다.

아이들이 움직이기를 좋아하는 본능은 생존욕구 뿐 아니라 뇌 발달과도 관련 있습니다. 노래와 춤으로 가르치는 방법은 우뇌 발달기의 유아들에게 가장 효과적인 교수법입니다.

　최근의 인지 신경 연구가들은 공부와 달리기는 뇌혈류를 활성화시켜서 뇌기능을 높여준다는 사실을 발견했는데(서울 삼성병원 인지 신경팀이 직장인 60명을 대상으로 3개월간의 실험결과) 성경은 이미 이 방법을 하박국에서 언급했습니다.

　"여호와께서 내게 대답하여 이르시되 너는 이 묵시를 기록하여 판에 명백히 새기되 달려가면서도 읽을 수 있게 하라." (합2:2)

실천해보세요

- 아이와 손잡고(업고) 마을이나 공원을 산책하는 시간을 가져보세요.
- 아이를 안고 가볍게 흔들어 주며 지난주에 교회예배에서 배운 하나님의 말씀을 들려주세요.

15일 수

낯가림

　유아들은 호기심과 함께 낯선 환경을 접하면 불안해합니다. 엄마와 떨어지지 않으려는 아이로 인해 제때에 볼 일을 못 보는 것도 아이의 '분리 불안증(Separation Anxiety)' 때문입니다. 강아지, 고양이, 동물에 대한 두려움, 낯선 사람에게 배타적이고 공격적인 것도 불안에 대한 일종의 방어기제입니다.

　아이들이 낯선 환경에서 받는 불안, 공포심을 어떻게 해소시켜 줄까요? 아이를 데리고 외출할 때 옷 입히고, 신을 신기는 일 외에 아이의 마음 준비를 해줘야 합니다. 어디에 가려고 나섰는지, 그곳에서 무엇을 주의해야 하는지 등의 사전 가이드가 필수입니다. 이러한 친절은 양육자를 절대적으로 신뢰하게 합니다.

　유대 아이들은 기도 시를 통해서 두려움이나 공포를 이완시키고 마음의 평온을 가져오는 훈련을 합니다. 낯선 사람이나 동물을 볼 때 이런 기도 시를 들려주는 것은 정서적 안정에 좋은 방법입니다.

우주의 왕이신 우리의 주 하나님, 만물들을 다르게 창조하신 당신을 찬양합니다.
〈바룩흐 아타 하셈 엘로헤이누 멜렉흐 하올람, 브사네흐 하 브리옷〉

이 기도 시는 모든 사람을 편견 없이 대하게 하며 하나님의 존재를 일깨워 줍니다. 존재에 대한 인식은 신뢰의 기반이 되며 경계심을 이완시키고 친밀감을 갖게 합니다.

실천해보세요
- 면역력이 약한 유아기에는 애완용 동물을 집에서 기르지 마세요.
- 아이와 외출할 때 이 말씀을 들려주세요.
"땅의 모든 짐승과 공중의 모든 새와 땅에 기는 모든 것과 바다의 모든 고기가 너희를 두려워하며 너희를 무서워하리니 이들은 너희 손에 붙이웠음이라" 창9:2
"여호와는 나의 빛이요 나의 구원이시니 내가 누구를 두려워하리요 여호와는 내 생명의 능력이시니 내가 누구를 무서워하리요" 시27:1

16일 목

기도 훈련

유아가 보이지 않는 '하나님의 개념'을 이해할까요?

어린 나이는 하나님을 이해하기 힘들지만 기도는 그분의 존재를 일깨워 줄 수 있습니다. 기독교 교육자인 루시 바아버(Lucy W. Barber)는 습관이 형성되는 세 살 미만의 시기는 신앙인격의 바탕을 키워주는 태도교육(Attitude Education)이 중요하다고 했습니다. 또한 제임스 파울러(James W. Fowler)는 신앙적 습관 형성기라고 하며 그 습관은 양육자의 태도와 느낌에서 얻어진다고 합니다.

왜 유아들에게 예배의 요소 중에 기도부터 가르쳐야 할까요?

기도란, 인간이 종교적 본성을 지니고 태어난 존재이기에 잠자는 인간의 영혼을 흔들어 깨워서 하나님의 존재를 자각하게 합니다. 기도를 통해 세계를 만나고 이웃과 자연을 만나고 감사를 배웁니다.

    음식을 먹을 때 두 손을 모으고 고개 숙여 감사하는 기도의 자세를 가르쳐 주십시오. 감사의 기도 말은 긍정적이고 창의적인 사람을 만듭니다.

    우리가 하나님을 잊고 사는 이유는 기도가 습관이 되어 있지 않기 때문입니다. 기도가 몸에 배이려면 유아 때 훈련해야 합니다.

    기도는 하나님을 더 많이 사랑하게 합니다. 보이지 않는 하나님에 대한 믿음은 부모가 눈에 보이지 않아도 불안해하지 않고 신뢰하는 신뢰의 기반이 됩니다.

실천해보세요
- 하루에 열 번 이상 감사 기도를 실천하세요.
- 이 말씀을 기억해요.
 "나를 안전히 살게 하시는 이는 오직 여호와이시니이다." 시4:8후
 "하나님이여 나를 지켜 주소서 내가 주께 피하나이다." 시16:1

3주 집밖에서 하는 자녀교육 I

17일 금

번개가 칠 때

창밖으로 번쩍이는 섬광을 보면 두려우십니까?

공포에 대한 부모의 반응은 아이의 성격 심리에 영향을 미칩니다. 엄마가 행복하면 아이는 행복한 아이가 되듯이 엄마가 두려워하면 아이의 두려움은 증폭됩니다. 두뇌 회전의 가장 큰 적은 바로 두려움이 주는 스트레스입니다. 무서워하고 두려워하면 상황을 현명하게 파악하지 못하고 침착성을 잃고 결국은 문제를 해결하지 못합니다.

눈, 비가 올 때, 또는 불꽃놀이 하는 밤하늘을 보여 준 적이 있습니까? 번개, 갑작스런 태풍, 놀라운 현상을 보면 유대 엄마들은 이런 기도 시를 들려주므로 마음의 안정과 평화를 줍니다.

지금 이 순간에도 창조의 작업을 하시는 우주의 왕, 복되신 우리 하나님 당신을 찬양합니다.
〈바룩흐 아타 하셈 엘로헤이누 멜렉흐 하올람 오세 마

아쉐 브리싯트〉

이러한 기도 시는 마음의 여유를 주고 모험심을 길러줍니다. 대 자연에 대한 호기심과 관찰력은 창조의 원동력이 됩니다.

네온사인은 번개의 원리에서 얻은 것입니다. 번개를 관찰하던 니콜라 테슬라(Nikola Tesla;1856~1943)라고 하는 한 사람의 호기심이 지구의 밤을 아름답게 했습니다.

실천해보세요
- 집의 전등불을 다 끄고 이불 속에서 손전등을 켜서 움직이는 놀이를 해보세요.
- 번개가 치는 날 이 말씀을 들려주세요.
  "번개가 동편에서 나서 서편까지 번쩍임 같이 인자의 임함도 그러하리라" 마24:27
  "여호와께서 하늘에서 뇌성을 발하시고 지존하신 자가 음성을 내시며 우박과 숯불이 내리도다" 시18:13
  "안개를 땅 끝에서 일으키시며 비를 위하여 번개를 만드시며 바람을 그 곳간에서 내시는도다" 시135:7

18일 토

천둥 칠 때

길을 가는데 갑자기 자동차 경보음이 울리기만 해도 깜짝 놀라지요? 우리는 많은 소음 속에서 삽니다. 사춘기에는 2만Hz를 듣는데, 갓난아기는 3만Hz의 소리를 들을 만큼 유아들의 청각은 발달되어 있습니다. 천둥이 치면 유아들은 달려와서 '엄마 무서워' 하며 얼굴을 가슴에 파묻습니다. 그럴 때 아이에게 '하나님이 이노~옴 하는 거야' 하고 말하는 부모가 있는데, '하나님의 대청소 시간이야' 라고 들려주면 어떨까요?

유대 사회는 천둥이 치는 경이로운 자연 현상을 볼 때 아이와 드리는 이런 기도 시가 있습니다.

능력과 권능으로 우주를 가득 채우시는 우주의 왕 복되신 우리 하나님, 당신을 찬양합니다.
〈바룩흐 아타 하셈 엘로헤이누 멜렉흐 하올람 쉐 코호 우그부라 말레이 올람〉

　자연의 위력 앞에서 인간은 두려워 떱니다. 그런데 이러한 기도 시를 아이들이 배워둔다면 자연을 정복하고 다스릴 능력이 키워질 것입니다. 하나님의 존재를 매순간 느끼게 될 것입니다.

실천해보세요

- 청소기를 돌려보세요. 또는 빈 접시를 막대기나 젓가락으로 두드리면 울림에 따라 여러 가지 소리가 납니다. 아이와 두드리는 놀이를 해 보세요.
- 천둥 칠 때 이 말씀을 들려주세요.
  "여호와의 소리가 물 위에 있도다 영광의 하나님이 뇌성을 발하시니 여호와는 많은 물 위에 계시도다" 시29:3

Tip

아이들은 왜 낯선 사람을 따라갈까요?

부모들은 아이에게 안전교육을 시키고 낯선 사람을 조심하라고 늘 가르치지만 해마다 13세미만 아동을 대상으로 하는 범죄사건은 증가하고 있습니다.

아이들이 생각하는 낯선 사람이란 누구일까요?
아이들은 표정과 생김새로 나쁜 사람을 구분 짓는다고 합니다.
 도깨비 뿔이 달렸고, 마귀할멈 같이 혐오감을 주는 사람이 나쁜 사람이라는 아이들의 고정 개념은 아마 스마트폰, 만화 영화, 게임의 영향이라고 봅니다.
반면, 예쁘고 상냥한 사람, 웃으면서 선물을 안겨주며 접근하는 사람을 무조건 좋은 사람으로 믿을 수 있습니다.
어른의 말을 잘 듣는 아이가 착한 아이라고 배운 아이는 어른을 돕지 않는 것은 나쁜 아이라고 판단 할 수 있습니다. 어쩌면 순종적이고 동정심 많은 착한 아이가 더 나쁜 위험에 빠질 수 있다는 말입니다.
아이들에게 '사람에 대한 개념'을 가르치는 것이 중요합니다.

추천도서- 〈왜 아이들은 낯선 사람을 따라갈까?〉(EBS아동범죄미스터리의 과학 제작팀 지음)

◆ 4주 ◆

집밖에서 하는 자녀교육 Ⅱ

무지개를 볼 때 / 저녁노을을 볼 때
꽃향기 맡기 / 들풀에서 배우기
먼 곳을 바라보기 / 씻기기

실천체크표

　　　　　　 반(소속)　자녀이름:　　　　부모이름:

일	요일	실 천 하 기	점검스티커 (사인)
19일	월	아이 방에 무지개 그림을 붙여 두었습니까?	
20일	화	아이의 방에 자연광이 들어옵니까?	
21일	수	아이 방에 향기 나는 생화 한 다발을 두었습니까?	
22일	목	외출에서 돌아온 후에 소금물로 콧구멍을 닦아 주었습니까?	
23일	금	밤하늘을 보여 주었습니까?	
24일	토	아이와 수건을 개키고 접는 놀이를 하였습니까?	

본 교재 안에 있는 '실천해보세요'를 실천하였으면 본인의 사인이나 스티커를 붙이십시오. 만약 양친 부모가 실천하였으면 두 장의 스티커를 붙이십시오.
24일까지 마치면 이 책을 주일에 가지고 가서 담당자의 사인을 받으십시오.

　　　　　　　　　　　　　　　　　　　　사인 _____

무지개를 볼 때

  세 살 미만 아이들이 늘 묻는 질문이 "이거 뭐야?" "누가 만들었어?"입니다. 아이들은 왜, 누가 만들었는지에 대해서 궁금해 합니다. 어머니의 사랑, 아버지의 근육, 자연의 현상이나 그 아름다움들은 창조주 하나님의 존재를 일깨워 줍니다.

  여러분은 땅과 하늘을 이은 무지개를 볼 때 무슨 생각이 떠오릅니까?
  비온 후 뻗쳐 있는 아름다운 무지개를 볼 때 유대 부모들은 창세기 9장 1절의 기도 시를 아이에게 들려주어 하나님과 연결하는 계기를 삼는다고 합니다. 자연은 하나님의 현존과 그분에 대한 경외심을 일깨워 줍니다.

> 그의 언약 안에서 참되시고 그의 말씀으로 채우신 언약을 기억하시는 우주의 왕, 복되신 우리 하나님, 당신을 찬양합니다.

〈바룩흐 아타 하솀 엘로헤이누 멜렉흐 하올람/조케이르
하브릿 브네에만 비브릿토 베카얌 베마아 마로〉

하늘을 쳐다보면서 하늘이 왜 파란지에 대해서 의문을 가졌던 최초의 사람이 18세기 물리학자 존 틴달(J. Tindall)입니다. 그는 하늘의 색깔이 대기 중에 먼지나 다른 입자들과 부딪혀 분산되는 햇빛에 의해 결정된다는 것을 밝혀냈습니다. 그가 개발한 기술은 현재 대기오염도와 물의 청정도를 측정하는데 쓰이고 있습니다.

실천해보세요

- 오늘은 일곱 색깔 색연필이 필요합니다. 무지개를 색칠해 보세요(창 9:1~17).
- "하나님은 남극과 북극에 물들을 꽁꽁 얼려서 가두어 두셨어. 다시는 대홍수로 지구를 심판하지 않겠다고 하나님이 약속하셨단다."라고 말해주고 엄마와 함께 그린 무지개 그림을 방에 붙여주세요.

20일 화

저녁노을을 볼 때

 해가 지는 저녁 풍경을 보려고 아이와 손잡고 밖에 나가 본 적이 있습니까? 낮은 어떻게 해서 밤으로 변할까요?

 어른들은 저녁이 되고 아침이 되는 자연의 변화에 그저 덤덤하지만 아이들은 이 모든 것이 최초의 경험입니다. 아이에게 동트는 아침빛과 노을 지는 석양을 보여 주십시오.

 하이파(Hifa) 대학의 영재 교육 교수인 오벳 케뎀 박사(Dr. Oved Kedem)는 '아, 아하, 하하하' 이 세 가지만 잘하면 누구나 창의적인 소질이 계발된다는 말을 했습니다. 유대 부모들은 저무는 하루해를 바라보며 이런 기도 시를 드리는데, 평범한 일들에서 경이로운 탄성을 하면 아이는 창의력이 놀랍게 발전하여 특별한 사람이 될 것입니다.

 우리의 생명을 지키시고 우리를 보호하셔서 이 순간까지 오도록 허락하신 우주의 왕, 복되신 우리 하나님, 당

신을 송축합니다.
〈바룩 아타 하솀 엘로케이누 멜렉 하올람/쉐헤치야누 베키야마누 베히기야누 라즈만 하제〉

 석양에 드리는 이 기도 시는 '생명'의 고귀함을 배우고 생명과 시간의 주인이신 하나님에 대한 경외심을 채워줍니다. 세상의 마지막을 주관하시는 하나님을 기억하여 그분께 송축 드리며 하루를 감사로 닫는 생활습관을 가지기 바랍니다.

실천해보세요
- 아이의 방에 자연광이 들어오는지 점검해 보세요.
- 저녁이면 커튼을 내려서 안온한 느낌을 느끼게 해주세요.
- 이 말씀을 들려주세요.
 "낮도 주의 것이요 밤도 주의 것이라 주께서 빛과 해를 예비하셨으며" 시74:16
 "해는 그 방에서 나오는 신랑과 같고 그 길을 달리기 기뻐하는 장사 같아서" 시19:5

21일 수

꽃향기 맡기

신생아는 생후 3일 되는 날부터 엄마의 냄새를 구별하고, 아기는 6개월 이전에 냄새에 반응할 뿐 아니라 냄새를 구분합니다. 유아들은 엄마의 냄새를 맡고 마음의 안정을 얻습니다.

후각을 자극시켜 주는 것이 두뇌 발달에 중요한 이유는 후각이 기억과 감정을 조절하는 신경 회로에 직접 연결 되어 있기 때문입니다. 향수나 인공적인 냄새보다도 과일, 꽃, 우유, 자연의 향을 맡게 하는 것이 후각 발달에 좋습니다.

유대 부모들은 향기로운 꽃을 볼 때 그냥 지나치지 않고 아이와 함께 기도 시를 읊는 습관을 가지고 있습니다.

향기가 나오도록 하신 우주의 왕 우리 하나님, 복되신 주님, 당신을 송축합니다.
〈바루흐 아타 하셈 엘로케이누 멜렉 하올람 보레이 미네이 브싸밈〉

    이 시를 읊어주면 향긋한 꽃에서 전능하신 창조주 하나님을 만나고 아이의 본성에 있는 종교성이 발달하여 하나님의 존재를 일깨워 줄 것입니다.

실천해보세요

- 엄마는 향이 짙은 화장품이나 향수를 삼가해 주세요.
- 아이 방에 향기 나는 생화 한 다발을 두세요. 일주일에 한 번씩 다른 꽃으로 바꿔 보세요.
- 이 말씀을 들려주세요.
  "땅이 풀과 각기 종류대로 씨 맺는 채소와 각기 종류대로 씨 가진 열매 맺는 나무를 내니 하나님의 보시기에 좋았더라" 창1:12

22일 목

들풀에서 배우기

   자연이 주는 향을 맡는 것만으로도 인체는 놀라운 치료 효과가 있다고 합니다. '향기치료'를 연구해온 영국 맨체스터(Manchester) 대학 연구소는 냄새가 기억의 흐름을 조절한다는 사실을 알아내어 치매 치료의 기술로 발전시키고 있습니다. 향기는 우뇌를 자극해서 창의력을 발전시킵니다.

   시멘트를 뚫고 나온 생명력이 강한 들풀을 본적이 있습니까? 유대 아이들은 들풀 한 포기에서도 우주를 만나고 하나님을 만나는 기도 시가 있습니다.

들풀에서 향기가 나게 하신 우주의 왕, 복되신 우리 하나님, 당신을 송축합니다.
〈바루흐 아타 하셈 엘로케이누 멜렉하 올람 보레이 이스베이 브싸밈〉

들풀 하나에도 경의를 표할 때 모든 사람을 편견 없이 대

할 수 있을 것입니다. 이 모든 것이 하나님의 작품이기에 풀 한 포기에서도 창조주 하나님을 만난다면 하나님의 체취를 느끼는 사람입니다.

아이와 함께 들풀 냄새를 맡아 보는 시간을 가지시기 바랍니다.

실천해보세요

- 아이가 어떤 냄새에 반응을 보이는지 관찰해보세요.
- 아이가 비염에 걸리지 않도록 외출 후에는 소금물로 콧구멍을 닦아주세요.(3세부터)
- 이 말씀을 들려주세요.
"오늘 있다가 내일 아궁이에 던져지는 들풀도 하나님이 이렇게 입히시거든 하물며 너희일까보냐" 마6:30
"모든 육체는 풀이요 그의 모든 아름다움은 들의 꽃과 같으니 풀은 마르고 꽃이 시듦은 여호와의 기운이 그 위에 붊이라 이 백성은 실로 풀이로다 풀은 마르고 꽃은 시드나 우리 하나님의 말씀은 영원히 서리라" 사40:6-8

23일 금

먼 곳을 바라보기

요즘 아이들의 호기심과 관심은 온통 부모 손에 들려있는 스마트폰입니다. 아이들에게 스마트폰은 신기한 마법의 상자입니다. 아이들의 시신경이 망가지고 있는데도 세상은 속수무책입니다.

시각을 통해 들어온 상을 뇌로 융합하는 것은 6주부터 발달해서 4개월이 되면 완성되고 12개월이 되면 망막이 완성되어 성인과 같은 시력을 갖는다고 하는데 이때 10cm도 채 안 되는 거리에서 1만 2천 볼트의 강력한 전자파를 얼굴 정면으로 맞고 있다면 아이는 어떻게 될까요?

어떻게 하면 우리 아이들이 맑은 눈과 좋은 시력을 유지할까요? 자연의 빛, 소리, 바람으로 시각을 자극시켜 주십시오. 아이들은 소리가 나는 쪽으로 눈을 돌립니다. 자연을 응시만 해도 시야가 넓어지고 눈의 피로가 치료됩니다. 유대 부모들은 아름다운 사람, 새소리, 아름다운 풍경을 볼 때 기도 시를 읊는답니다.

당신의 우주에 이것을 지으신 우주의 왕 복되신 우리 하나님, 당신을 송축합니다.
〈바루흐 아타 하솀 엘로케이누 멜렉 하올람 쉐카하 로바 올라모〉

이 기도 시는 모든 것들이 어디서 생겨났는가를, 나는 어디서 온 존재인가를 생각하게 하며 그 호기심은 우주와 그 주인으로 확대될 것입니다.

실천해보세요

- 날씨가 좋으면 밤하늘을 보여주세요.
- 이 말씀을 들려주세요.

"공중의 새들이 그 가에서 깃들이며 나무가지 사이에서 소리를 발하는도다" 시104:12

"주의 손가락으로 만드신 주의 하늘과 주의 베풀어 두신 달과 별들을 내가 보오니 사람이 무엇이관대 주께서 저를 생각하시며 인자가 무엇이관대 주께서 저 권고 하시나이까" 시편8:3-4

 24일 토

씻기기

미래에는 역병으로 삽시간에 인류의 삼분의 일이 멸망될 만큼 무서운 바이러스들이 기승을 부릴 것입니다(계8:6-13참고). 그러므로 청결습관은 매우 중요합니다. 욕실에 입자가 고운 소금 가루를 담은 통을 두었다가 아기를 데리고 외출했다 돌아온 날은 다음의 순서대로 해 보십시오(세 살 정도부터). 바이러스 균이 침투하는 길목인 인체의 열린 곳을 모두 소금으로 씻어주십시오.

1. 엄마의 양손 약지를 물에 적셔서 적신 손을 고운 소금에 살짝 묻힙니다.
2. 소금 묻은 약지 손가락을 아이의 콧구멍 속에 넣고 살살 문질러 주십시오.
3. 엄마의 양손 약지 손가락을 아이의 양 귀에 넣고 같은 방법으로 합니다.
4. 아이의 칫솔에 소금을 살짝 묻혀서 이를 닦아 주십시오(또

   는 칫솔을 소금물에 담가두었다가 사용해도 좋습니다).
5. 아이에게 눈을 꼭 감으라고 한 후 소금물에 살짝 담갔다가 뺀 엄마의 약지 손가락으로 아이 눈을 두서너 번 살살 문질러 주십시오.
6. 아이의 항문을 소금물로 살살 문질러 주십시오.
   (어머니의 손가락 대신 면봉이나 부드러운 소독 거즈를 사용해도 좋습니다).

실천해보세요
- 아이와 수건을 개키고 접는 놀이를 해보세요. 젖은 빨래를 손바닥으로 두드리기, 주먹 쥐고 두드리기, 조물락 거리기를 시켜보세요.
- 십계명 노래를 부르면서 빨래를 신나게 널어 보세요.

- 이 말씀을 들려주세요.
"우리가 마음에 뿌림을 받아 양심의 악을 깨닫고 몸을 맑은 물로 씻었으나 참 마음과 온전한 믿음으로 하나님께 나아가자" 히10:22

Tip

욕조에 들어가기 전에 하는 기도

우리를 그의 말씀으로
거룩하게 하시는 이,
우리에게
욕조에 몸을 잠그라고 명하시는
우주의 왕 복되신 우리 하나님,
당신을 찬양합니다.
〈바룩흐 아타 하솀/엘로헤이누 멜렉흐 하올람/아쉐르
키두샤누 베미쯔보타브 베치바누 알티베랏 카이 림〉

4장

사랑스런 우리 아이
"누워있을 때"(신6:7)

◆ 5주 ◆

침대머리 자녀교육 I

재우는 시간 정하기 / 부모 역할 배우기
엄마는 침대머리 선생님 / 축복의 시간 지키기
자장가 들려주는 방법 / 자장가 들려주기

실천체크표

_____ 반(소속) 자녀이름: _____ 부모이름: _____

일	요일	실 천 하 기	점검스티커 (사인)
25일	월	재우는 시간을 9시 이전으로 정하고 지켰습니까?	
26일	화	아이에게 읽어준 책은 선한 가치를 담고 있습니까?	
27일	수	저녁 시간을 아이와 함께 보냈습니까?	
28일	목	잠자기 전에 하나님 말씀으로 축복해 주었습니까?	
29일	금	아이를 위한 자장가를 준비하였습니까?	
30일	토	성경 자장가를 들려 주었습니까?	

본 교재 안에 있는 '실천해보세요'를 실천하였으면 본인의 사인이나 스티커를 붙이십시오. 만약 양친 부모가 실천하였으면 두 장의 스티커를 붙이십시오.
30일까지 마치면 이 책을 주일에 가지고 가서 담당자의 사인을 받으십시오.

사인 _____

25일 월

재우는 시간 정하기

왜, 하나님은 자려는 시간에 아이를 붙들고 가르치라고 하실까요? 졸려서 눈을 비비는 아이가 배울 수 있을까요?

하루를 시작하는 시작과 마치는 저녁에 자신을 성찰하는 것이 몸에 배기를 하나님은 바라십니다. 짧은 시간이지만 자기 전에 성경을 암송한다든지, 성경책을 소리 내어 읽는다든지, 기도하는 습관을 규칙적으로 가지는 사람은 성공의 자질을 굳힌 셈입니다.

자기 전에 가르치라는 명령은, 인간의 휴식을 고려하신 하나님의 배려로서 숙면을 취하게 하시려는 그분의 아이디어입니다. 아이를 안고 리듬감 있게 몸을 흔들며 자장가를 들려준다든지 누워서 책을 읽어주면 아이는 숨소리가 고르게 됩니다. 아이에게 책을 읽어주면 읽을 때의 일정한 낮은 톤이 차분하게 진정되는 효과를 줍니다. 소리에 파장이 거의 없기 때문에 마치 흔들어주는 느낌을 두뇌에 주어 사람을 늘어지게 만듭니다. 하나님이 인간을 만드실 때 손으로 비비고 치대신

그 가벼운 진동 말입니다(창2:7).

 루스실로라고 하는 유대 랍비는 '유대 엄마들은 아이가 잠들기 전에 침대머리에서 성경 이야기를 들려주어 평온한 마음을 아이에게 준다'고 하였습니다. 그러면 마치 물을 빨아 먹은 스폰지를 꼭 짜서 물을 빼내듯이 나쁜 감정이 지워진다고 합니다. 꿈나라로 가기 전에 들려주는 하나님 말씀은 나쁜 감정을 지우는 지우개와 같습니다.

실천해보세요

- 재우는 시간을 9시 이전으로 정해놓고 아이를 위해서 일찍 자고 일찍 일어나는 부모가 되어 주세요.
- 저녁 잠자리에 누웠을 때 이 말씀으로 자녀를 축복해 주세요.
 "내가 평안히 눕고 자기도 하리니 나를 안전히 살게 하시는 이는 오직 여호와이시니이다" 시편4:8

 26일 화

부모 역할 배우기

잠자기 전에 이야기를 들려주어 꿈나라로 전송하는 요람 교육은, 하나님께서 '누웠을 때에든지, 일어날 때에든지 이 말씀을 강론하라.'는 신명기 6장 7절의 말씀을 시행해 온 유대 엄마들에 의해서입니다.

하나님의 명령에 의해 시작된 요람의 자녀 교육은 유대 가정의 아름다운 문화유산 중에 하나가 되었습니다. 밤마다 아이들에게 하나님 말씀을 자장가로 들려주면 아이는 평안히 밤의 여행을 떠납니다. 이야기는 유전자 표현을 조정해서 아이는 생각한대로 꿈꾸는 대로 되어집니다. 단순히 긍정적인 생각을 품는 것으로도 사람은 누구나 좋은 사람이 될 수 있다는 것은 바로 이런 이유 때문입니다.

이러한 방식으로 유대인 부모들은 수천 년을 먹을 때와 잠잘 때 자녀에게 하나님 말씀을 전승해왔습니다. 밥을 먹을 때

감사를 가르치고, 잠들기 전에 이야기를 읽어 준다면, 이 생활 습관이 배인 아이들은 미래 부모의 역할을 배운 것입니다.

아이들은 부모인 여러분에게서 어떤 부모 역할을 배우고 있을까요?

실천해보세요

- 요즘 아이에게 어떤 책을 읽어 주고 있나요? 그 책은 선한 가치를 담고 있나요?

27일 수

엄마는 침대머리 선생님

　잠자리에 누운 아이를 누가 가르칠 수 있을까요? 아이를 재우는 사람입니다.

　하나님은 교육하는 부모가 되라고 하셨습니다. 이 사역에 왜 엄마의 역할이 중요할까요? 아이를 품에 안고 젖을 먹이며 대화 할 수 있기 때문입니다.

　지금 시대는 아이의 아빠도 우유병으로 수유할 수 있으니 가능한 일이지만 몇 가지 조건이 있습니다. 왜 하나님은 남자의 가슴에 검은 털을 붙여 주셨을까요? 아이의 품은 따뜻하고 부드러운 가슴이라야 합니다. 그러기 위해서 아빠는 반드시 부드러운 면 셔츠를 입고 안아 주십시오. 아이가 어서 빨리 자기를 바라지 말고 인내심을 가지고 곁에 있어주어야 합니다.

　인간의 기본 생존 욕구가 충족되는 시간인 "누워 있을 때에"(신 6:7) 가르치라는 말씀을 실천하면 아이에게 많은 유익

이 됩니다. 먼저 아이가 잠자기 전에 읽어주는 책은 인지 발달을 촉진시킵니다. 보통 4세 어린이가 8백 개 정도의 단어를 사용하는데 비해 그런 아이들은 평균 2천 개 정도의 어휘를 알고 쓴다고 합니다. 과학이 발달한 오늘날에 와서 아이의 인지와 언어 발달과 정서 교육의 가장 적절한 시간이 누웠을 때, 즉 잠자기 전이라는 것이 입증된 것입니다.

하나님은 자신의 위대하신 진리가 어린이들에게도 이해하도록 전달 할 수 있는 분이니까 염려하지 말고 말씀을 읽어주십시오.

실천해보세요

- 저녁 시간을 아이와 함께 보냈나요?
- 어젯밤에 아이는 무엇을 하다가 잠들었나요?

 **28일 목**

축복의 시간 지키기

   축복은 아이의 되고자 하는 미래의 자화상을 만듭니다. 축복을 받는 아이는 부모에게서 사랑받고 있음을 깨닫습니다. 부모의 축복대로 이루어진다는 신뢰가 쌓이면 부모와 정서적인 연합이 단단해집니다. 그런 아이는 자존감이 넘칩니다.

   시간을 정해놓고 정해진 시간에 똑같은 문장으로 아침과 저녁에 축복해 보세요. 기분에 따라 어느 날은 거르고, 어느 날은 몇 배로 해주는 것보다, 단 30초라도 매일 매일 시간을 지키는 것이 좋습니다.

   아이를 축복해 주고 하나님의 말씀을 먹여주는 정해진 시간이 있습니까? 아이에게 항상 들려주기 위해 정해놓은 축복의 메시지를 가지고 있습니까? 만약 매일 하기가 곤란하면 매주 토요일 아침이나 주일 아침으로 정해보십시오.

   일주일에 한번이라도 거르지 않고 축복의 시간을 지킨다면 아이의 일생에 아름다운 추억으로 남겨질 것입니다.

    부모란 어떤 일을 하는 사람인가를 어려서 아이가 배워둔다면 미래의 세상은 좋은 부모가 지금보다 훨씬 많아질 것입니다.

실천해보세요

- 오늘은 이 말씀으로 우리 아이의 건강과 재물의 축복을 주세요.

"그의 오른손에는 장수가 있고 그의 왼손에는 부귀가 있나니 그 길은 즐거운 길이요 그의 지름길은 다 평강이니라" 잠언3:16-17

"할렐루야, 여호와를 경외하며 그의 계명을 크게 즐거워하는 자는 복이 있도다 그의 후손이 땅에서 강성함이여 정직한 자들의 후손에게 복이 있으리로다 부와 재물이 그의 집에 있음이여 그의 공의가 영구히 서 있으리로다" 시편112:1-3

29일 금

자장가 들려주는 방법

동서고금 '아기 재우기'는 엄마들의 큰 숙제거리가 되어 있습니다. 아기 재울 때 가장 좋은 방법은 아기의 머리카락이나 등을 쓰다듬고 토닥여 주면서 '자장 자장, 우리 아기' '잘도 잔다 우리 아기' '코 자자'라는 간단한 노랫말로 인기척을 주는 것입니다. 아이는 자다가도 눈을 뜨곤 하는데 그것은 엄마가 곁에 있는지 확인하고 싶어서 그럽니다. 인기척이 없으면 아기는 계속 울어댑니다.

백일 전까지는 6시간마다 한번쯤 깨므로 밤에 한차례는 깨서 울고, 졸리면 아무데서나 잠이 들고 깨므로 수면 패턴을 조절해주기가 어렵습니다. 4개월이 지나면 수면교육을 해야 합니다.

자장가를 들려 줄 때는 이렇게 합니다.
1. 엄마 손이 따뜻한지 만져 보십시오.
2. 아이를 왼손으로 안고 심장 가까이에 아이 귀를 대고 들려

주십시오.
3. 리듬에 맞춰 아이 몸을 적당히 흔들어 주십시오.
4. 아이의 손, 등, 발을 쓰다듬어주며 자장가를 들려주십시오.

밤에 깨서 울 때는 불을 켜거나 안아 주지 말고, 가슴을 쓸어주면서 천천히 두드려 가며 조용히 자장가를 들려주십시오. 낮잠을 재울 때는 어르고 노래하고 말을 걸어줘도 됩니다.

실천해보세요
- 아이를 위한 자장가를 준비하세요.

30일 토

자장가 들려주기

너희는 먼저
마태복음 6:33

이영희 곡

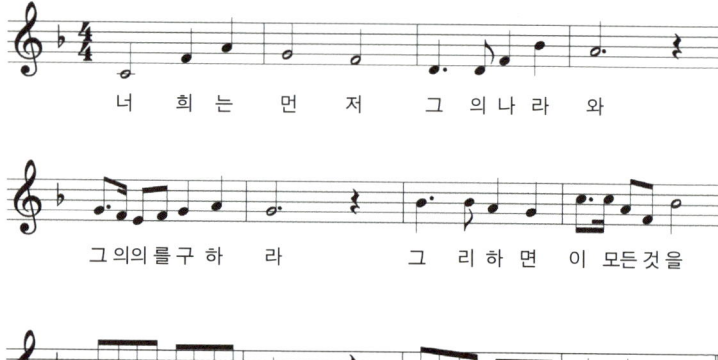

너 희 는 먼 저 그 의 나 라 와

그 의 의 를 구 하 라   그 리 하 면 이 모든 것을

너희에게 더하시리 라   마태복음 6 장 3 십 3 절

실천해보세요

- 성경 말씀 자장가를 외워서 아기를 재울 때 노래해 보세요.
 (멜로디는 십계명 CD음반 1집 14번(카도쉬 출판)에 있습니다.)

Tip

유대엄마들의 자장가

미카엘 천사는 네 오른편에
가브리엘 천사는 네 왼편에서
네 앞에는 우리엘 천사가
네 뒤에는 라파엘 천사가
네 머리위에는 거룩하신 전능자가
너를 보호하신단다
〈미야메니 미카엘 우 미쉬몰리 가브리엘/우 밀파나이 우리엘 우메이아흐 코라이 라파엘/베 알 로쉬 쉐키나(4회)〉

아이를 재울 때 들려주는 시

우리의 오른손이 우리를
하나님께 가까이 데려 간단다.
우리의 왼손이 날마다
우리를 강하게 한단다.
내일을 환하게 비춰주는 꿈이
우리 앞에 있단다.
우리의 모든 주변에 쉐키나(하나님의 현존의 빛)가
머물고 우리 지나온 길을,
우리의 건강을 회복시키고 치료할 거야.

◆ 6주 ◆

침대머리 자녀교육 II

잠자리 정돈하기 / 밤 인사 가르치기
책 읽어주기 / 잠투정 고치기
자다가 우는 버릇 고치기 / 마사지 해주기

실천체크표

_____ 반(소속)   자녀이름: 부모이름:

일	요일	실 천 하 기	점검스티커 (사인)
31일	월	아이의 옷을 챙겨주는 주머니(또는 면가방)를 준비해 두셨나요?	
32일	화	귀가 시간이 규칙적입니까?	
33일	수	아이에게 들려줄 책 이야기가 있습니까?	
34일	목	규칙적인 시간을 정하고 재우는 수면교육을 하였습니까?	
35일	금	방안 공기는 적정 온도를 유지하고 있습니까?	
36일	토	마사지를 순서대로 해 보셨습니까?	

본 교재 안에 있는 '실천해보세요'를 실천하였으면 본인의 사인이나 스티커를 붙이십시오. 만약 양친 부모가 실천하였으면 두 장의 스티커를 붙이십시오.
36일까지 마치면 이 책을 주일에 가지고 가서 담당자의 사인을 받으십시오.

사인 _____

 **31일** 월

잠자리 정돈하기

아이들의 방에 어떤 그림이나 사진이 붙어 있습니까? 아이들이 글자를 깨우치기 위해서 가나다라 한글 자모, 또는 영어 알파벳도 필요하겠지만 성화와 하나님의 말씀으로 벽을 장식해보십시오.

그리고 아이의 잠자리는 이렇게 해주십시오.

1. 커튼, 벽지, 이불이나 베갯잇의 색깔은 영적 청결에 도움이 되는 파랑색이 좋습니다(민15:37-40, 출39:22-31참고). 파랑색은 파장이 짧은 색채라서 시간이 빨리 가는 느낌을 주어서 집중력을 향상시켜 주며 고상한 사람이 되고자 하는 의욕을 줍니다.
2. 잠자는 머리맡은 항상 깨끗이 정돈해주십시오(요20:7참고). 머리맡과 발편은 수호천사가 지키는 장소입니다(마18:10, 요20:12참고).
3. 아이의 방에 성화 한 폭을 걸어 주고, 머리맡에는 십계명

전문을 붙여 두십시오. 성스러운 분위기는 아이의 영혼을 거룩하게 합니다.
4. 아이 방에 빛이 환하게 들어오는 창문이 있는 것이 좋습니다.
5. 6개월부터는 아이가 혼자 잘 수 있는 훈련을 하십시오. 침대를 사용하면 침대 밑에 이불을 깔아두십시오. 아이에게 엄마를 대신할 엄마의 소지품이나 옷가지를 넣어주면 자다가 깨어서도 마음을 놓고 잡니다.
6. 어린이들은 늘어놓기를 잘합니다. 오늘 저녁에는 아이가 방을 정돈할 수 있는 일을 맡겨 보십시오. 예를 들면, 그림책, 장난감 제자리에 갖다 두기 등.

실천해보세요

1. 새 옷과 양말을 담는 예쁜 주머니(또는 면가방)를 베개 곁에 놓아 두세요.
2. 아이에게 "내일 아침에 입을 옷과 양말이란다"라고 들려주세요.

 32일 화

밤 인사 가르치기

아이에게 잠 예절은 이렇게 가르칩니다.
1. "부모님이 곤히 잘 때는 조용히 하는 거예요"라고 말해주십시오.
2. "부모님 방에 들어올 때는 노크하세요"라고 알려주십시오.
3. 잠자리 들기 전에 부모님께 밤 인사를 나누도록 해주십시오.
4. 잘 때는 불을 끕니다. 실내가 밝으면 커튼으로 창을 가려주십시오. 불을 켜놓고 잠을 자면 근시가 될 수 있습니다.

잠자기 전에 이렇게 하십시오.
1. 아이를 따뜻한 물로 목욕 시키십시오.
2. 화장실에 들렀는지 확인하십시오.
3. 아이는 규칙적인 시간에 재우십시오(저녁9시).
4. 아이가 잠자는 동안 TV를 켜놓은 채 두면 TV의 메시지가 아이 뇌에 입력됩니다.
5. 아이 방에 들어갈 때 노크하십시오.

6. 아이가 잠든 것을 확인한 후 아이 방을 나오십시오.
7. 이불을 걷어차고 자지는 않는지 아이의 방에 가보십시오. 아이들은 잠잘 때 몸을 많이 움직입니다. 벽이나 침대 기둥에 쿠션을 놓아주십시오.
8. 가능하면 아이를 위해서 저녁에는 일찍 귀가하고 밤에 외출하는 일을 삼가하려고 노력해보십시오.

실천해보세요

- 귀가 시간이 규칙적인가요?
- 아이가 자고 있을 때는 깨우지 마세요.

33일 수

책 읽어주기

책을 읽어 줄 때는 이렇게 합니다.

1. 엄마가 먼저 읽고 나서 내용을 충분히 소화한 것을 들려주십시오.
2. 아이들은 귀에 대고 속삭여줄 때 아주 좋아합니다. 귀는 민감하기 때문에 작은 자극에도 반응합니다. 소리를 듣고 이해하는 데는 듣는 힘과 주의력이 매우 중요합니다. 듣는 힘과 주의력은 장차 아이가 수준 높은 단계의 공부를 하는 데 매우 중요한 요소입니다.
3. 낮은 소리로 읊조려 주십시오. 아이들이 낮은 소리를 듣다 보면 집중력과 주의력이 증진됩니다. 따라서 story speaker가 되기보다는 story teller가 되십시오. 밤에는 자녀에게 연설하는 시간이 아니니까요. 이야기를 들려준다는 느낌이 들면 아이와의 감정이입이 쉬워집니다.
4. 책 열 권을 읽어주는 것보다 한권의 책을 열 번 읽어주는

것이 훨씬 유익합니다.
5. 아이가 자는지 궁금할 때는 방문을 불쑥 열지 말고 문 앞에서 인기척을 하거나 노크하십시오.
6. 아이가 책 읽어주는 것을 싫어하고 잠자는 시간이 되었는데도 돌아다니면 강제로 읽어주려고 하지 마십시오. TV를 끄고 엄마 혼자서 조용히 책을 읽으십시오. 낮잠을 많이 잔 날은 아이가 밤잠을 못 들 수 있습니다. 따뜻한 우유를 반 컵 마시게 하고, 따뜻한 물에 목욕을 시키면 스스로 잠을 잡니다.

실천해보세요
- 아이에게 들려줄 책 이야기가 있습니까?
  아이에게 책을 읽어주세요.

 34일 목

잠투정 고치기

   아이들이 잠투정하는 가장 큰 요인은 수면시간이 일정하지 않기 때문입니다. 생후 4개월이 되면 수면교육을 해서 낮과 밤을 구분하게 해야 합니다. 잠시간이 엄마와 분리되는 시간이라고 생각하면 자는 것을 두려워하고, 실내 분위기가 안정되어 있지 않으면 아이는 계속 잠투정을 합니다. 어른들이 잠잘 생각을 하지 않고 돌아다니면 아이는 압니다.

아이가 잠투정을 하면 이렇게 해 보십시오.
1. 태아 때 들려주던 음악이나 성경 말씀을 들려주십시오.
2. 부드러운 담요나 천을 침대에 넣어주십시오.
3. 매일 밤 일정한 성경 자장가를 들려준다면 아이는 잠 잘 때가 되었다고 생각합니다.
4. 늦게 퇴근하여 왔을 때 잠든 아이는 깨우지 마십시오. 곤히 자는 아이를 깨우면 신경이 예민해집니다.
5. 아이가 늦게까지 안 잘 때 놀아주지 마십시오.

6. 따뜻한 우유나 대추차는 숙면에 도움이 됩니다.
7. 엄마 배 위에서 재워보세요. 심장소리를 들으면 아이가 안심을 합니다.
8. 따뜻한 물에 목욕을 시키고 마사지를 해주고 잠옷을 입혀주십시오.
9. 낮에 지칠 때까지 실컷 놀게 하고 낮잠을 많이 재우지 마십시오.
10. 잠자기 전에 지나치게 흥분되고 자극적인 놀잇감은 피해야 합니다.
11. 아이들은 후각이 매우 발달되어 있어서 밤에 깜짝 놀랐다가도 엄마 목소리나 엄마 냄새가 나는 물건이 곁에 있으면 안심하고 금세 다시 잠이 듭니다.

실천해보세요
- 규칙적인 시간을 정하고 재우는 수면교육을 하고 있나요?

35일 금

자다가 우는 버릇 고치기

아기는 자다가 일어나서 갑자기 울고, 신체의 균형을 바로잡기 위해 울고, 수유할 때 공기가 위로 들어가 아이를 고통스럽게 해서 우는데(유아 산통), 3개월이 지나면 이런 울음은 그칩니다.

4개월이 지나면 수유시간이 지났는데 먹을 것을 주지 않으면 울어서 자신의 의사표시를 합니다. 배고픔의 신호를 감지하는 것입니다. 이런 저런 이유로 어린 자녀를 둔 엄마는 늘 수면 부족에 시달립니다.

유아기는 대소변을 가리지 못한 경우에, 유년기 아이들은 무서운 꿈을 현실로 착각하여 자다가 깨서 웁니다. 꿈은 낮 시간에 겪은 감정이나 체험들이 마음에 축적되어 꿈을 구성하는 요소가 되므로 공포 영화나 전쟁 만화, 드라마 관람, 꾸지람, 부모의 잔소리를 피하라는 것은 이런 이유에서입니다. 일반적으로 잠자기 전에 마음에 잠재된 두려움, 불안, 불쾌한

감정들을 제거하지 않으면 나쁜 꿈의 동기가 됩니다.

아이가 자다가 울면 인기척을 주고 얼른 달려가서 안아 주십시오. 한달 미만의 신생아는 속싸개로 잘 싸줘야 깊게 잘 잡니다.

아기는 땀을 많이 흘립니다. 옷이 눅눅하면 기분이 언짢아 자주 깹니다. 면으로 된 새 속옷을 갈아 입혀서 재우십시오.

실천해보세요

- 방안 공기는 적정 온도를 유지하고 있나요?
- 아이가 자기 두 시간 전에 충분히 먹이세요. 돌이 지난 아기가 자다가 울어 버릇하면 무시하고 주무세요. 우는 버릇을 길들여 주지 마세요.

 36일 토

마사지 해주기

아기는 백일이 되면 움직이려고 하고, 12개월이 되면 바로 서기 시작합니다. 신체적인 접촉을 계속해서 필요로 하는 다섯 살까지는 피부 스킨십을 많이 해 주십시오. 마사지는 아기가 사람을 인식하고 사랑 받고 싶은 욕구를 충족시켜 줄 뿐더러 부모가 아기를 이해하는 데 가장 효과적인 방법입니다.

마사지를 해 줄 때는 아기에게 시편 23편, 누가복음2장40절의 성경 말씀을 들려주거나 주기도문을 들려주고 계속 말을 걸어 주십시오. 건강하고 지혜로운 아이가 됩니다. 목욕 시킨 후, 크림을 바르며 살살 문질러 주면 아이가 좋아합니다.

* 2~13은 손에 크림을 바르고 하십시오(총 10분 정도).

1. 머리 쓰다듬어 주기
2. 어깨, 팔 주무르기
3. 얼굴, 눈썹 위, 눈썹 사이를 양 엄지손가락으로 부드럽게 눌러주기

4. 가슴을 시계 방향으로 어루만져 주기
5. 등 쓰다듬기(척추를 곧게 하고 성장을 돕습니다.)
6. 옆구리 쓰다듬기
7. 배 쓰다듬어 주기(손바닥을 이용해 시계방향으로 원을 그리십시오.)
8. 가슴 쓸어내리기(명치끝을 양 엄지손가락으로 위에서 아래로 八자가 되게 쓸어내리십시오.)
9. 엉덩이 만져주기
10. 다리와 발, 발바닥 지압하기
11. 엄지를 사용하여 발목을 살살 문질러주며 발목 돌리기
12. 양 다리를 꼭 붙이고 허벅지에서 발목까지 쓸어내리기(기저귀를 갈아 채울 때는 필수입니다.)

실천해보세요
- 마사지를 순서대로 해보세요. 몇 분 걸렸는지 시간을 재보세요.

Tip

유대 부모들이 하는 밤기도

우주의 주인이신 하나님,
내가 내 자신에게 죄를 지었거나 누군가가 나에게 실례를 범했거나 나에게 화를 낸 어떤 사람이든지 용서합니다.
나의 몸, 나의 돈, 나의 명예에 대하여 거슬리게 하였든지, 그가 의도적으로 그랬든지, 우발적으로 그랬든지, 부주의하게 그랬든지, 생각 없이 그랬든지, 말로나 행동으로나 생각으로나 관념적으로 그랬든지, 그 어떤 것이든지, 이러한 범죄가 나와 상관없는 어떤 다른 이의 범죄일지라도 나는 모든 유대인을 용서합니다.
나 때문에 하나님께 징계를 받는 사람이 하나도 없기를 바랍니다.
나의 조상의 하나님, 그리고 나의 하나님이시여,
당신의 뜻이라면 당신 앞에서 내가 행동한 죄는 무엇이든지 당신의 한량없는 큰 인자하심으로 씻어주시고
고통이나 병으로 나를 침상에 눕게 하지 마옵소서.
나의 입의 말과 나의 마음의 묵상이 당신 앞에 열납되기를 바랍니다.
나의 반석이요, 나의 구속자이신 주님이시여.

5장

사랑스런 우리 아이
"일어날 때"(신6:7)

◆ 7주 ◆

일어날 때와 생활 속 자녀교육

3분 타임 / 아침 잠 깨우기

배변훈련 / 손 씻기

아이에게 사과하기 / 아이가 아플 때

실천체크표

　　　　　　　반(소속)　자녀이름:　　　　부모이름:

일	요일	실 천 하 기	점검스티커 (사인)
37일	월	아침에 일어나서 3분 타임을 가졌습니까?	
38일	화	'나의 기도 시'를 지어 보았습니까?	
39일	수	배변훈련을 잘 실천해 보았습니까?	
40일	목	아이의 비누에 강한 독성이나 향이 지나치지 않은지 점검해 보았습니까?	
41일	금	낮에 잘못한 일을 아이에게 사과하였습니까?	
42일	토	아이가 아플 때 기도해주고 약을 먹여 주었습니까?(주겠습니까?)	

본 교재 안에 있는 '실천해보세요'를 실천하였으면 본인의 사인이나 스티커를 붙이십시오. 만약 양친 부모가 실천하였으면 두 장의 스티커를 붙이십시오.
42일까지 마치면 이 책을 주일에 가지고 가서 담당자의 사인을 받으십시오.

　　　　　　　　　　　　　　　　　　　　사인 _____

37일 월

3분 타임

수면교육, 하면 재우는 교육에만 집중하지만 성경은 왜 바쁜 시간인 아침에 일어났을 때 교육하라는 명령을 할까요?

눈을 뜨자마자 자리에서 빨리 일어나려 하지 말고 단 5분을 구별해 보십시오. 심장에 부담을 주지 않는 방법입니다. 몸을 서서히 움직여 가며 또박 또박 느린 속도로 주기도문 외우는데 40초, 사도신경은 50초면 충분합니다. 그래도 아직 3분이 남았습니다. 이 3분을 아이에게 주십시오. 축복의 기도를 들려주십시오.

하나님이 우리에게 주신 많은 혜택 중에 하나는 오늘이라는 '시간의 선물' 입니다. 알파와 오메가이신 하나님은 아침과 저녁에 가족이 서로 만나라는 것입니다(출29:28~41 참고). 하나님은 가족끼리 얼굴도 못 보고 지낼 만큼 바쁘게 사는 것을 바라지 않는다는 것을 알 수 있습니다.

또 있습니다. 아침은 하나님을 만나는 시간입니다. 여러분

의 가정에는 하나님과 만나는 거룩한, 한 장소가 있습니까? 베란다, 또는 방석도 좋습니다. 이번 주에는 하나님과 만나는 '나만의 거기', 비밀 장소를 집 어디엔가 만들어 봅시다.

"…내가 거기에서 너희를 만날 것이고, 거기에서 너에게 말하겠다. 내가 거기에서 이스라엘 자손을 만날 것이다. 거기에서 나의 영광을 나타내어 그곳이 거룩한 곳이 되게 하겠다"(출29:42-43 새번역).

아침은 하나님과 만나고, 가족이 서로를 격려하는 시간입니다. 온 가족이 감사와 축복으로 첫 하루를 시작해 보십시오.

실천해보세요

- 아침에 일어나서 3분 타임을 가지세요.
- 이 말씀으로 축복해 주세요.

"아침에 나로 하여금 주의 인자한 말씀을 듣게 하소서 내가 주를 의뢰함이니이다 내가 다닐 길을 알게 하소서 내가 내 영혼을 주께 드림이니이다" 시143:8

 38일 화

아침 잠 깨우기

아침에는 이렇게 해보십시오.

- 아이를 깨울 때는 어루만져 주십시오. 만약 다섯 살이 지났다면 옆구리를 살살 간지럽혀 보십시오(행12:7~8).
- 기저귀부터 점검하십시오.
- 정해진 시간에 재우듯이 깨우는 시간도 일정하면 좋겠습니다. 말씀 모닝콜을 들려주십시오. - 십계명 cd음반(카도쉬출판) 8집 22번 또는 16번.
- 아이가 잠에서 깨어 인기척도 없고 방안이 조용하면 웁니다. 달려가서 안아주고 '우리 아기, 잘잤니?'라고 아침 인사를 하십시오.
- 잠에서 깨면 다음 세 가지가 생활화되게 해 주십시오.
 ①감사 기도하기 ②가족과 아침인사하기 ③손 씻기

유대인들은 아이들이 3세가 되면 아침잠에서 깨자마자 이러

한 기도 시를 드리도록 가르칩니다.

나는 감사드립니다. 내 안에 나의 영혼을 되돌려 주신 분, 당신의 성실하심이 크십니다.
〈모데아니 라파네하 멜렉하이 베카얌 쉐하 하자르타 비니쉬마티 베함라 라바 애무나테카〉

이 기도문은 "나의 육체의 모든 주권이 하나님께 있습니다"라는 고백입니다. 긴 밤 동안 우리 생명을 안전하게 지키시고 새 날을 맞이하게 하신 하나님께 감사드리며 하루를 시작하는 것은 신선한 기운을 돋아주지 않을까요?

실천해보세요
- 아침에 의식이 깨었을 때 드리는 '나의 기도 시'를 지어보세요.

 **39일 수**

배변훈련

프로이드(J.Freud 1856~1939))는 1~3세를 항문기라고 했습니다. 아이가 누고, 싸는 의지가 분명해진다고 해서 이 시기는 '나' 즉, '에고(ego)'가 발달한다고 했습니다. 아기가 마음대로 되지 않으면 옷에 오줌을 싸는 것으로 보복(?)하려는 것도 자아가 발달했다는 증거입니다. 항문근육을 오무렸다 벌렸다 하며 배설물을 배출하면서 아이는 시원함을 느낍니다. 배변 훈련이 정상적으로 이루어지지 않으면 언어와 성격 발달에 지장을 줄 수 있습니다.

배변훈련은 이렇게 하십시오.
1. 식사 시간과 잠자는 시간이 불규칙하면 배변도 불규칙합니다. 일정한 시간에 먹이고, 재우고, 일어나는 시간을 잘 지켜 주십시오. - 규칙적인 식습관.
2. 아이가 변기와 친해질 수 있게 하십시오. - 유아용 변기에 앉아 놀고 먹기

3. 휴지로 장난하지 않도록 사용량을 가르쳐줘야 합니다.
4. 배변 후 호기심으로 만지거나 맛을 보려고 하면 재빨리 빼앗아 즉시 쏟아버리면 더러운 것이라고 눈치를 챕니다 - 배변 후 청결교육.
5. 취학 전까지는 여러 화장실을 경험하여 다양한 기능이 있음을 체험시키십시오.
6. 배변 후 반드시 '손 씻기'를 가르치십시오. - 배변 후 청결교육.
7. 허리를 굽히면 변이 잘 나온다고 가르쳐 주십시오. - 시원한 배변을 위해.
8. 손으로 장(腸) 마사지를 해 주십시오. - 시원한 배변을 위해.
9. 영아를 둔 부모는 외출 시 사용한 기저귀를 돌돌 싸서 휴지통에 버리십시오.

실천해보세요

- 9개 항목 중에서 오늘은 몇 가지를 실천하셨나요?

 **40일 목**

손 씻기

하나님은 우리에게 생명을 주시고 그에게 헌신할 수 있는 두 손을 주셨습니다. 우리에게 주어진 오늘이라는 시간은 나로부터 오염되지 않은 깨끗한 날입니다.

지난밤에 불결했던 생각을 씻어내는 의미에서 손을 씻는다고 생각해 보십시오. 그렇게 하므로 오늘 하루를 새롭고 유쾌하게 시작할 수 있습니다.

유대인 부모들은 손 씻을 때도 기도하도록 자녀를 교육하는데, 이렇게 매 순간 하나님의 존재를 인식하며 감사하는 생활 습관은 정신적으로 여유로움을 줍니다.

우리 삶에 하나님이 계십니까? 어릴 때부터 하나님의 존재를 일깨워주고 매순간마다 하나님을 의식하다보면 겸손한 사람이 될 것입니다.

손 씻을 때 하는 기도

그 분의 계명들 안에서 우리를 거룩하게 하시고
손 씻는 것에 관하여 명하시는 우주의 왕, 복되신 우리
하나님, 당신을 송축합니다. 아멘.
〈바룩 아타 하셈 엘로케이누 멜렉 하올람/아쉐르 키드샤
누 베 미쯔봇타브/베찌아누 알 네틸랏트 야다임 아멘〉

실천해보세요

- 아이의 비누에 강한 독성이나 향이 지나치게 짙지 않은지 점검해 보세요.
- 아이들은 성질을 부릴 때 손으로 할퀴고, 쥐어뜯고, 꼬집고, 내던집니다. 아이의 손을 씻겨줄 때 '착한 손, 거룩한 손'이 되라고 들려주세요.
- 손 씻을 때 이 말씀을 암송해주세요.
"여호와의 산에 오를 자가 누구며 그의 거룩한 곳에 설 자가 누구인가 곧 손이 깨끗하며 마음이 청결하며 뜻을 허탄한 데에 두지 아니하며 거짓 맹세하지 아니하는 자로다" 시24:3-4

 **41일** 금

아이에게 사과하기

우리는 아이들의 위생에 각별한 신경을 씁니다. 먹는 음식, 목욕, 새 이불, 지저분한 곳에는 얼씬도 못하게 합니다.

하나님께서도 이스라엘 백성들이 광야생활 할 때 "이불, 요, 침상을 세탁하라"(레15:5,21,26,27참고)고 명령하시며 그들의 이불과 요를 늘 점검하셨습니다.

다행히 우리 시대는 세탁장에 많은 종류의 세제들을 쌓아놓고 삽니다. 그러므로 우리는 이 말씀을 영적으로 이해할 필요가 있습니다. 내적 청결을 당부하신 예수님은 설거지, 세탁에만 온 신경을 쓰는 유대인들에게 '내적 청결에 더 세심한 관심을 가지라'고 하셨습니다(막7:15-23참고).

'유아들도 내적청결의 대상이 될까요? 유아들이 죄를 짓나요?'라는 질문은 '아기도 죽나요?'라고 묻는 것과 같은 어리석은 질문입니다. 만약 아기가 죄인이 아니라면 영아사망률은

제로가 되어야 합니다.

   기독교의 인간관은 영아가 어떤 선이나 악을 행할 힘이 없을 뿐이지 죄성이 잠재되어 태어난다는 것입니다. 영유아들의 죄성이 자라 나쁜 아이가 되도록 만드는 나쁜 엄마가 되어서는 안 될 것입니다.

실천해보세요

- 오늘밤에는 낮에 잘못한 일이 있다면, 아이에게 사과하는 부모가 되세요.

42일 토

아이가 아플 때

아이들은 자주 다치고 자다가도 갑자기 고열로 몸이 펄펄 끓는 경우가 종종 있습니다. 이럴 때를 대비해서 집 주변의 약국, 병원, 야간에도 진료하는 소아과 응급 의료센터에 대한 정보를 알아두고, 119에 전화할 때는 '소아응급 의료진을 바꿔달라'고 말하십시오.

다행히 우리는 많은 의료 혜택과 보험 제도로 안전장치가 잘된 복지사회에서 살고 있습니다. 그래서 자녀가 아프면 먼저 나오는 말이 '약 먹어라' '병원 갔다 왔니?' 부터 묻는 버릇이 입에 배였습니다. 하지만 병이 씻은 듯이 나으면 언제 아팠느냐는 듯이 한때 고통스러웠던 통증을 까맣게 잊습니다.

감기가 낫고 나서, 두통이 치료된 후에도 기도해야 합니다. 신명기 7장15절에는 "여호와께서 또 모든 질병을 네게서 멀리 하사 너희가 아는 애굽의 악질에 걸리지 않게 하시고 너를 미워하는 모든 자에게 걸리게 하실 것이라"고 하셨는데, 이 말씀에 따라 유대 부모들은 약을 먹을 때, 그리고 병이 나은

후에도 이런 기도를 하고 선행을 한다고 합니다.

모든 선한 것을 나에게 허락하시고 이 무가치한 자에게 호의를 베풀어주신 우주의 왕이신 우리 하나님, 당신은 복이 있습니다!
〈바루흐 아타 하셈 엘로케이누 멜렉흐 하올람 하고멜 레카야빔 토봇/ 쉐그말라니 콜 토브〉

실천해보세요

- 약을 먹일 때 이렇게 기도하세요.
  "이런 신기한 약을 개발하는 지혜를 사람에게 주신 하나님 감사합니다. 우리 아이가 이 약을 먹고 나아서 사람들에게 유익을 주는 사람으로 살게 하소서. 아멘."
- 병이 나았을 때 이 말씀을 들려주세요.
  "여호와께서 그를 병상에서 붙드시고 그가 누워 있을 때마다 그의 병을 고쳐 주시나이다." 시41:3

Tip

유대인 부모들이 드리는 아침 기도 시

긴 밤 동안에 우리 곁에서 우리의 영혼을 지켜주시고
이제 아침이 되어 우리 것으로 다시금 되돌려 주시는
생명의 하나님,
어제의 모든 허물과 죄들이 여전히 남아 있음에도 불구하고 신선한 새 아침, 새롭게 시작할 수 있는 새 날을 주신 하나님,
주님께 헌신할 힘과 깨끗한 새 마음을
오늘도 우리에게 허락하신 자비로우신 하나님께
우리는 감사드립니다.

유대인들이 화장실에서 용변을 내 보내며 드리는 기도

복되신 주 우리 하나님 시간과 공간을 다스리시는 이여,
사람을 지혜 있게 하신 이, 그 안에 많은 신체의 구멍들과
많은 열리는 것들을 지으셨나이다.
당신의 영광의 보좌 앞에서 만일, 이것들 가운데
하나라도 열리거나 닫혀야 할 때 닫히지 않는다면
단 한시라도 우리는 당신 앞에 설 수 없으며
우리는 생존할 수 없나이다.
모든 육체와 행실들을 경이롭게 창조하신 우주의 왕,
복되신 우리 하나님,
당신을 찬양합니다!

6장

사랑스런 우리 아이
"취학 전까지"(레19:23)

◆ 8주 ◆

취학 준비 자녀교육

사랑 받는 시기 / 세 살에는 건강 챙겨주기
네 살에는 찬양을 / 다섯 살은 배움의 달콤함을
첫 입학식 / 학교생활 적응하기

실천체크표

_____ 반(소속)   자녀이름: 부모이름:

일	요일	실 천 하 기	점검스티커 (사인)
43일	월	이웃을 만났을 때 아이를 정식으로 소개해 주었습니까?	
44일	화	영양가 있는 음식을 듬뿍 먹였습니까?	
45일	수	교회학교의 어린이 예배에 데리고 나갔습니까?	
46일	목	아이에게 대화의 규칙을 지킬 수 있도록 훈련시키셨습니까?	
47일	금	입학식을 앞두었다면, 입학 예배를 드려 주었습니까?	
48일	토	아이가 다니는 학교(어린이집,유치원)에서 기다렸다가 데리고 왔습니까? 가지 못한 경우, 미리 양해를 구했습니까?	

본 교재 안에 있는 '실천해보세요'를 실천하였으면 본인의 사인이나 스티커를 붙이십시오. 만약 양친 부모가 실천하였으면 두 장의 스티커를 붙이십시오.
48일까지 마치면 이 책을 주일에 가지고 가서 담당자의 사인을 받으십시오.

사인 _____

사랑받는 시기

성서에는 이스라엘 백성을 '길들인 암소(trained heifer)'(호10:11참조)라고 부릅니다. '헤퍼'란 말은 새끼를 낳지 않은 귀엽고 사랑스러운 세 살 미만의 어린 암송아지를 뜻할 때 사용하는 단어입니다. 이 '헤퍼'는 풀어 놓으면 남의 곡식밭에 들어가 장난치는 천방지축이라서 세 살 미만에 훈련을 받아야 합니다.

어린 송아지의 목에 멍에를 메워서 훈련시키듯이 세 살 미만은 어떻게 행해야 하는지 삶을 훈련 받는 시기이지 지식을 배우는 시기가 아닙니다. 다시 말해서 사람 됨됨이가 빚어져 가는 시기라는 말입니다.

세 살 미만은 눈으로 보고, 귀로 듣고 깨우치는 잠재 교육의 시기로 집안 공기까지도 아이에게 영향을 줍니다. 가정에서 어떻게 먹고 어떻게 걸어야 하는지, 부모 자신의 사람 됨됨이를 아이가 보고 자라는 시기입니다.

화이트(Burton L.White) 박사는 세 살 미만을 마음이 자라는 시기라고 했습니다. '사랑'이 마음 밭을 옥토로 만든다면 '훈련'은 옥토를 유지시켜주는 비료와 같은 것입니다. 아이를 훈련할 때는 사랑으로 해야 합니다. 아이에게 부모 사랑을 듬뿍 주어야 하지만, 사랑을 도구로 사용하여 훈련으로 길들여져야 합니다. 사랑의 매는 네 살 미만까지 효력을 발휘합니다. 매는 일종의 의사소통입니다.

실천해보세요

- 엘리베이터에서 이웃을 만나면 공손히 인사를 하고 친절하게 행동하는 모습을 자녀에게 보여주세요.
- '인사해라'라고만 하지 말고 이웃에게 아이를 정식으로 소개하고 인사를 슬쩍 권해주세요.

44일 화

세 살에는 건강 챙겨주기

"너희가 그 땅에 들어가 각종 과목을 심거든 그 열매는 아직 할례 받지 못한 것으로 여기되 곧 삼 년 동안 너희는 그것을 할례 받지 못한 것으로 여겨 먹지 말 것이요"(레19:23)

어린 묘목이 실하게 자라려면 3년 동안은 가지치기를 하고 맺힌 열매들을 따내어 모든 영양이 나무에만 공급되게 해야 합니다. 나무의 첫 열매는 인체에 해로운 독소가 있을 수 있으므로 따내 버려야 합니다.

유대인은 "삼 년 동안(중략) 먹지 말 것이요"라는 말씀에 근거하여 '오클라 법'을 만들어 학제(교육연령)를 구분하는 데 적용하고 있는데, 세 살에는 지적 발달 교육의 시간이 아니므로 오로지 신체 발달과 태도 교육에 중점을 두고 있습니다.

나무도 적당히 가지치기를 하면서 자라는 시기가 있듯이 세 살까지는 곧게, 튼튼하게 자라도록 할 때입니다. 5세 미만

은 우뇌 성장기이므로 자연, 그리고 놀이터에서 맘껏 뛰놀게 해 주어야 합니다.

세 살 미만의 아이들은 기초 체력을 튼튼하게 연마하고 인간 됨됨이를 형성하는 것이 중요합니다. 십계명은 '사람됨을 만드는 가지치기'라고 할 수 있습니다.

실천해보세요

- 아이에게 영양가 있는 음식을 듬뿍 주세요.
- 주말에는 놀이터에서 아이와 공놀이, 그네타기를 해보세요.

45일 수

네 살에는 찬양을

"넷째 해에는 그 모든 과실이 거룩하니 여호와께 드려 찬송할 것이며"(레19:24)

네 살이 되면 제법 풍부한 어휘력을 가지고 어른들과 의사소통이 가능합니다. 이것은 그들이 세상과 거룩의 양 갈래 길에 서 있게 된다는 말이기도 합니다. 이 나이는 독립적인 예배자가 되도록 훈련해야 합니다.

영적인 훈련의 한 부분으로서 네 살 미만에는 찬송으로 행복한 아이가 되게 해 주십시오. 멜로디 있는 언어로 하나님을 찬양하면 마음이 맑아지고 창의력이 뛰어나게 발달합니다. 감사 찬양은 세상에서 보고 듣는 모든 일들을 긍정적으로 받아들일 수 있는 태도를 키워 줍니다.

찬양은 곡조 있는 기도입니다. 기도 시는 감사의 문장으로 시작하여 하나님을 송축하고 이웃을 축복하고 자연을 축복

하고 자기 자신을 축복하는 내용입니다.

예배의 중요한 요소인 기도를 훈련시키는 이유는 기도가 일생의 생활습관이 되도록 훈련하기 위해서입니다. 어려서 '하나님'의 개념을 다 이해할 수는 없다고 해도 기도는 그분의 존재를 일깨워 줄 수 있습니다. 기도훈련은 하나님께 대한 확고한 신뢰를 심어줍니다. 찬양은 기도입니다.

이번 주에는 '날 사랑하심'이라는 가사의 찬송을 들려주십시오. 찬송가 열 곡을 들려주는 것보다 한 곡을 열 번 들려주는 것이 훨씬 교육적입니다.

실천해보세요
- 교회학교의 어린이 예배에 등록시키세요.
- 어른 찬송가 563장 '날사랑하심'을 완전히 익힐 때까지 불러서 기억하게 해 주세요.

46일 목

다섯 살은 배움의 달콤함을

"다섯째 해에는 그 열매를 먹을지니 그리하면 너희에게 그 소산이 풍성하리라 나는 너희의 하나님 여호와이니라"(레 19:25)

다섯 살은 배움이 꿀처럼 달콤함을 맛으로 경험하는 시기입니다. 배우는 시기보다는 배움을 준비하는 시기입니다. 이제 아이는 사리를 분별하고 세상의 소리에 귀를 기울이는 시점으로 접어들었습니다. 이때는 기독교 정신의 전승이 필요한 시기입니다.

아이의 성경 레슨비를 책정하셨습니까?

성경을 공부하는 단체나 그룹에 참여한 경험이 아이에게 있습니까?

성경을 배우기 전에 사과를 꿀에 찍어 먹으며 '하나님 말씀은 꿀보다 더 달콤하단다.'라고 가르치십시오.

아동도서의 경우, 전집을 한꺼번에 사지 말고 한권을 다 읽

고 나면 한권씩 새 책을 사주십시오. 어떤 부모도 자기 아이를 300종류가 넘는 음식뷔페에 데려가서 엄마의 경제 능력을 과시하거나 이것을 다 먹어 보라고 하지 않듯이 말입니다.

실천해보세요
- 상대방의 말을 귀담아 듣기, 또박 또박 말하기 등으로 대화의 규칙을 지킬 수 있게 훈련시켜 주세요.
- 여러분의 아이가 다른 아이들과 잘 어울리나요? 아이가 다음의 조항들로 잘 준비되어 있는지 관찰해 보세요. -인사하기, 상호간의 존중, 인내심, 다른 사람과의 친밀감, 안전교육.

47일 금

첫 입학식

학교(유치원)란 어떤 곳일까요?

아이가 집에 와서 '학교(유치원)요? 아주, 아주 진짜, 진짜, 재미있어요. 엄마, 어서 빨리 내일이 왔으면 좋겠어요!'라는 대답을 듣는 그런 학교를 만드는 것이 우리 어른들의 꿈입니다. 첫입학식에 '공부 잘하게 해 주십시오'라고 축복 기도를 받으면 그 믿음은 꿈이 되고 공부를 잘하는 동기부여가 될 수 있습니다.

다른 나라 부모들은 아이의 첫 입학식에 어떻게 할까요?

유대 부모들 중 신앙이 두터운 부모는 입학식 날 아이를 기도복에 얼굴을 씌워 데리고 가는데 이렇게 하는 것은 학교생활을 시작하는 첫날 길에서 부정한 동물이나 간판 혹은 옳지 못한 행실을 하는 사람이나 환경을 볼까봐서입니다. 그리고 그 날 아이는 이러한 축복 기도를 받습니다.

우리의 생명을 지켜 주시고 우리를 보호하셔서 이 순간

까지 오도록 허락하신 우주의 왕이신 하나님을 찬양합니다.

위의 기도문은 첫 입학식 뿐 아니라 태어나서 첫 번 맞이하는 안식일, 새 신발, 새 가방, 새 학용품, 햇것들을 먹거나 사용하기 전에, 아이가 첫 걸음마를 할 때 드립니다.

아이들이 한 살씩 나이를 먹을 때마다, 또 한 학년씩 올라갈 때마다, 또 학교나 유치원에 입학할 때마다, 교회와 가정에서 아이를 축복하고 하나님께 예배를 드리십시오. 마치는 졸업예배도 중요하지만 시작은 더 중요하기 때문입니다.

실천해보세요
- 입학식을 앞둔 일주일 전에 거실에 '사랑스런 아들(딸) ○○○, ○○ 학교(유치원) 입학을 축하합니다.' 라는 현수막을 걸고 입학 예배를 드려 주세요.
- 입학하는 첫 아침에 사과를 꿀에 찍어 먹이며 '학교란 꿀처럼 달콤하단다' 라고 해보세요.

 48일 토

학교생활 적응하기

아이들은 누구나 낯선 사람에 대해서 배타적입니다. 처음 만나는 선생님, 친구들, 학교, 새로운 것을 대할 때 아이는 두려워합니다.

맘에 안 드는 친구와 짝이 되었다고 투덜대면 어떻게 해야 할까요? 선생님이 무섭다고 징징대면 어떻게 해야 할까요?

우리 아이가 편견을 갖지 말고 친구를 사귀게 하십시오. 누구에게나 배울 점이 있습니다.

새로운 것에 대한 편견과 두려움을 버리면 아이는 사회성이 풍부해집니다. 부모가 아이 손을 잡고서 학교 주변 탐방하기, 아이의 친구를 집에 초대해서 어울려 놀기, 시간표 익히기, 학교 선생님의 지시를 가정에 잘 전달하기, 아이의 짝을 집에 초대하기 등을 실행해 보십시오.

유대 부모들은 낯선 사람, 환경을 접할 때 드리는 기도 시를 가지고 자녀에게 암송시킵니다.

우주의 왕이신 우리의 주 하나님, 만물들을 다르게 창조하신 당신을 찬양합니다.
〈바룩흐 아타 하셈 엘로헤이누 멜렉흐 하올람, 브사네흐 하 브리옷〉

이 기도는 공포심에서 벗어나게 합니다. 타인을 경쟁상대로 보지 않고 존중하는 태도가 자랄 것입니다. 맘에 안 드는 친구와 짝이 될 때, 짝을 바꾸려 하기 보다는 하나님이 다르게 창조하셔서 다른 사람이 있다는 것을 인정하면 상황을 받아들이는 능력이 발달하고 불안한 마음이 평온해지고 너그러워집니다.

실천해보세요
- 아이가 학교(유치원) 교문에서 나오기를 기다렸다가 맞아주십시오. 사정이 여의치 못한 경우 '엄마가 가지 못해서 미안해'라고 미리 양해를 구하면 아이는 안정감을 갖습니다.

Tip

아픔이나 위험을 모면하였을 때 드리는 기도 시

이 장소에서 나를 위해 기적을 베푸신
우주의 왕이신 우리 하나님, 당신은 복이 있습니다!
〈바루흐 아타 하셈 엘로케이누 멜렉하 올람/쉐 아사흐
리네스 베마콤 하제〉

'모든 질병'을 히브리어로 '콜 촐리'라고 합니다. 이 단어는 히브리어의 숫자(기메트리아)로는 '98'을 말합니다. 유대인들에 의하면 모세 오경에는 98가지의 저주가 나온다고 합니다. 그런데 하나님의 모든 명령을 잘 지켜 행하면 98 종류의 모든 저주를 옮겨주신다고 믿어서 아플 때 십계명을 준수하고 선행을 하는 버릇이 있습니다.
우리는 아플 때 하나님께 이 말씀으로 영광을 드리면 어떨까요?

"나를 기가 막힐 웅덩이와 수렁에서 끌어올리시고 내 발을 반석 위에 두사 내 걸음을 견고하게 하셨도다"(시 40:2)

◆ 9주 ◆

취학 준비와 그 밖의 자녀교육

교사에 대한 존경심 / 공부 잘하는 아이들의 특징
시험에 실패했을 때 / 나쁜 꿈을 꾸었을 때
예배와 창의성 / 착한 일을 했을 때 상주기

실천체크표

_____ 반(소속)   자녀이름: 부모이름:

일	요일	실 천 하 기	점검스티커 (사인)
49일	월	자녀에게 성경을 가르치는 교회 교사의 이름을 알고 있습니까?	
50일	화	공부가 취미가 되게 하는 실천사항을 꼭 지키겠습니까?	
51일	수	아이에게서 배울 점 세 가지를 찾아 보았습니까?	
52일	목	아이가 악몽을 꾸면 한방에서 같이 자며 어릴 적 이야기를 들려주겠습니까?(들려주었습니까?)	
53일	금	아이를 공 예배에 참석시키고 있습니까?	
54일	토	아이와 함께 구제통에 모은 동전을 자선단체에 보냈습니까? (예정입니까?)	

본 교재 안에 있는 '실천해보세요'를 실천하였으면 본인의 사인이나 스티커를 붙이십시오. 만약 양친 부모가 실천하였으면 두 장의 스티커를 붙이십시오.
54일까지 마치면 이 책을 주일에 가지고 가서 담당자의 사인을 받으십시오.

사인 _____

49일 월

교사에 대한 존경심

아이가 학교생활에 잘 적응하고 공부 또한 잘하려면 가르치는 교사를 존경해야 합니다. 부모들은 누구나 자기 아이가 좋은 선생님을 만나기 바라고 이 행운을 아이에게 주기 위해서 실력 있는 교사를 찾곤 합니다.

하지만 훌륭한 교사를 만나는 것보다 더 중요한 것은 배우는 자의 자세입니다. '스승은 운명이다' 라는 말처럼 자신을 가르치는 선생님을 존경하는 아이는 학업 성취도가 훨씬 높습니다.

유대 사회는 학교 선생님과 교회 선생님을 만날 때 그분들을 축복해 드리는 기도 시가 있습니다. 이러한 기도 시를 읊는 아이들의 마음에는 스승을 경외하는 태도가 자랄 것입니다.

- 학교 선생님을 만날 때

    뼈와 살을 위해 그에게 지식을 주신 우주의 왕 우리 하나님을 찬양합니다

- 성경을 가르치는 선생님을 만날 때

주님을 경외하는 자들과 함께 그의 지식을 나누게 하시는 우주의 왕 우리 하나님을 찬양합니다!

학교 선생님을 만날 때와 성경 교사를 만날 때의 축복이 왜 다를까요?

그들은 영적 가치를 더 높은 수준에 둡니다. 이러한 기도는 어린이가 교사를 존경하는 마음을 갖게 할 것입니다.

실천해보세요

- 자녀에게 성경을 가르치는 교회 교사의 이름을 알고 있나요? 오늘은 선생님께 전화, 문자로 감사의 말을 전하세요.
- 이 말씀을 들려주세요.

"지혜자들의 말씀들은 찌르는 채찍들 같고 회중의 스승들의 말씀들은 잘 박힌 못 같으니 다 한 목자가 주신 바이니라" 전12:11

"잘 다스리는 장로들은 배나 존경할 자로 알되 말씀과 가르침에 수고하는 이들에게는 더욱 그리할 것이니라" 딤전5:17

50일 화

공부 잘하는 아이들의 특징

부모들은 누구나 내 아이가 공부 잘하기를 바랍니다. 그러려면 우선 정서적으로 안정된 환경을 만들어 주어야 합니다. 아이가 혼자가 아니라는 확신을 주기 위해 정서적 안정감의 기초가 되는 잠자리를 잘 챙겨 주는 것은 무엇보다 중요합니다. 이것이 쌓여서 신뢰감을 형성하고 아이는 차분해집니다. 무엇보다도 아이의 입장에 서서 아이의 말을 잘 들어주십시오.

아이들도 누구에겐가 털어놓고 싶은 비밀이 있습니다. 아이의 말을 잘 받아주고 이해해주는 사람에게 아이는 털어놓습니다.

"누구든지 지혜가 부족하거든 모든 사람에게 후히 주시고 꾸짖지 아니하시는 하나님께 구하라 그리하면 주시리라"(약 1:5)는 말씀은 아이를 꾸짖지 말아야 지혜가 자란다는 것을 의미합니다. 공부를 잘하게 하려면 공부를 좋아하도록 환경을 만들어 주어야 합니다.

   집 가까운 곳에 도서관이 있습니까? 공부가 취미가 되게 하려면 다음 몇 가지의 실천 사항을 지켜보십시오.

실천해보세요

1. 아이들은 기초 학습 능력이 탄탄해야 합니다. 읽기, 쓰기, 셈하기. 이 세 가지 능력을 길러주십시오(성경 쓰기, 성경 읽기).
2. 성적이 나빠도 조금이라도 나은 과목을 찾아내어 격려하고 칭찬해주십시오.
3. 화가 나면 책을 북북 찢는 아이들, 책을 던져 버리고, 가방을 던져버리는 아이들이 종종 있습니다. 지혜의 그릇(책가방)을 내던지는 아이의 버릇은 반드시 고쳐주어야 합니다.

51일 수

시험에 실패했을 때

누구나 시험에 실패해 본 경험이 있을 것입니다. 자녀가 시험에 실패했다면 시험 전보다 더 많이 기도해야 합니다. 어른들도 시험에 실패했을 때나 죽음 또는 나쁜 소식을 들었을 때 받는 정신적 충격이 상당히 큽니다. 아이도 마찬가지입니다.

아이가 시험장에 들어가기 전까지 그렇게 많은 기도를 해주었으면서 정작 시험장에서 나오면 오로지 결과에만 집착합니다. 하지만 시험의 결과를 놓고도 기도해야 합니다. 현실을 잘 받아들이고, 다음을 준비해야 합니다. 성적표를 받으면 낮은 점수를 받은 과목보다는 어떤 과목을 잘했는지 관찰하고 격려해주고 아이의 재능을 발견하여 진로를 열어 주십시오. 유대 사회는 '시험에 실패했을 때' 드리는 기도 시가 있습니다.

참되신 심판자 우주의 왕 우리 하나님, 당신께 송축드립니다.
〈바룩흐 아타 하셈 엘로헤이누 멜렉흐 하올람 다얀 하

에멧〉

위의 기도 시는 시험에 실패했을 때 뿐 아니라 죽음, 그리고 나쁜 소식을 들었을 때도 드립니다. 이런 기도를 드리는 것은 결과를 담담히 받아들이고 재도전의 용기를 주어 미래를 준비할 수 있기 위함입니다.

실천해보세요
- 실수는 눈에 크게 보입니다. 오늘은 아이에게서 배울 점 세 가지를 찾아 보세요.
- 이 말씀을 기억해요.
  시험에 실패 했을때 "그는 넘어지나 아주 엎드러지지 아니함은 여호와께서 그의 손으로 붙드심이로다" 시37:24
  죽음이나 재난의 소식을 들었을 때 "여호와는 죽이기도 하시고 살리기도 하시며 스올에 내리게도 하시고 거기에서 올리기도 하시는도다" 삼상2:6

 52일 목

나쁜 꿈을 꾸었을 때

 어젯밤에 어떤 꿈을 꾸셨나요? 만일 좋지 않은 꿈을 꾸었더라도 그 꿈으로 인해 하루를 지장 받지 않도록 하십시오. 인생을 운명에 맡기는 어리석은 사람들은 꿈을 의존하고 꿈에 지배를 받습니다.

 부모가 나쁜 꿈에 영향을 받으면 감정이입이 예민한 유아들에게 영향을 줍니다. 유아들은 바라는 욕망이나 꿈을 현실과 구분하지 못합니다.

 아이가 자다가 깨어서 울면 즉시 달려가서 안아 주십시오. 일곱 살 무렵이면 악몽에 시달리던 밤을 생생히 기억합니다. 유대 엄마들은 아이가 나쁜 꿈을 꾸고 일어나면 이런 기도문으로 기도해 줍니다.

> 우리의 지도자인 모세의 손에 의해 달게 만든 마라의 물처럼, 미리암의 문둥병을 고쳐주신 것처럼, 히스기야를 죽을 병에서 고쳐주신 것처럼, 엘리사의 손에 의해

좋은 물로 바뀐 여리고의 물처럼, 악한 발람의 저주를 축복으로 바꾸신 것처럼, 당신께서 내 아이의 모든 꿈을 좋은 것으로 바꾸어 주옵소서.

또한 아이가 좋은 꿈을 꾸었을 때는 이러한 덕담을 줍니다.
"요셉의 꿈과 같이 더욱 강하고 확실하게 만들어라. 그리고 그것이 이루어지게 최선을 다해라."

실천해보세요

- 아이가 악몽을 꾸었다며 무서워하면 며칠 동안은 아이와 같이 자면서 엄마(아빠)의 어릴 적 이야기를 들려주세요.
"누구나 나쁜 꿈을 꾼단다. 엄마도 어릴 때 무서운 꿈을 꾼 적이 많았지. 꿈이라서 얼마나 다행이었는지 몰라. 하나님은 나쁜 꿈도 좋은 것으로 바꾸어 주신 단다."

 53일 _금_

예배와 창의성

현대의 직업은 수천 종이 넘으며 대학에도 예전에 볼 수 없었던 다양한 전공과목들이 생겨나고 있습니다. 무리한 산업 발달로 전에는 알 수 없는 온갖 희귀병들도 범람합니다. 이런 우리 시대에 필요한 것은 창조적 뇌입니다.

예배는 종교의식이기도 하지만 최근 들어서는 우뇌 발달과 건강한 내적 삶을 영위할 수 있도록 뒷받침해 주는 역할을 한다는 사실이 밝혀졌습니다. 특히 기도는 우뇌를 더욱 창조적으로 발달시키며, 삶에 더욱더 많은 영향력을 줍니다. 기도에 대한 히브리어 단어 자체에서 그 의미가 잘 나타나고 있습니다. 히브리어로 기도를 뜻하는 '트필라'의 재귀동사인 '레히트팔렐'은 자신을 판단하고 살피는 것을 의미합니다.

기도는 우리에게 도덕적 행위의 표준을 일깨워 주어 하나님의 형상에 접근하게 합니다. 기도가 필요한 분은 하나님이

아니라 우리 자신들입니다. 자기 자신을 살피기 위해 규칙적으로 시간을 갖는 사람은 필연적으로 기도의 영향을 받아 행동합니다.

그뿐만이 아닙니다. 기도는 스트레스를 격감시키고 혈압을 낮추는데 도움이 되는 것으로 나타나고 있습니다. 기도를 통해서 의지를 다지며 진정한 삶의 의미를 깨닫고 행할 길을 배워갑니다. 인생을 어떻게 살아야 할지 구체적으로 계획이 세워지고 마음이 차분히 가라앉으면 집중력이 높아집니다. 그러면 학업에 대한 열정도 업그레이드됩니다.

실천해보세요

- 지난 주일에도 아이를 교회의 공 예배에 참석시켰나요?
- 기도하는 자세를 가르쳐 주세요. '기도 손', 하면 아이가 두 손을 모아 가슴에 얹고 고개를 숙이고 기도하게 해주세요.
- 세 살에는 주기도문을, 네 살에는 신앙 고백문을 가르쳐 주세요.

54일 토

착한 일을 했을 때 상주기

여러분의 자녀가 어떤 사람이 되면 좋겠다고 생각합니까? 데니스 프라거(Dennis Prager)라고 하는 랍비는 자녀 교육에서 "고학력, 탁월한 재능, 좋은 직업, 사회적 성공이 가능한 좋은 학생으로 키우는 것은 어렵다. 그런데 좋은 사람으로 키우는 것은 훨씬 더 어렵다. 분명한 사실은 인품이 좋은 자녀를 둔 부모가 인품은 좋지 않지만 사회적으로 성공한 자녀를 둔 부모보다 훨씬 더 행복하다."는 말을 했습니다.

좋은 아이를 바란다면 분명 아이의 어머니는 더 좋은 어머니가 되어야 합니다. 그는 모든 유대인 부모에게 다섯 가지 질문을 제시하였는데 여러분도 체크해보고 가치관을 다시 세우는 기회로 삼으시기 바랍니다.

1. 여러분의 아이가 성적은 보통이지만 친절하고 다정다감하길 원합니까? 친절하진 않지만 지능적으로 아주 우수하길 원합니까?

2. 아이의 재능 개발을 위한 것과 비교해 아이의 윤리적인 면을 개발하는 데 어느 정도의 시간과 노력을 쏟고 있습니까?
3. 아이가 선행을 했을 때 좋은 성적을 얻었을 때보다 칭찬을 하거나 상을 줍니까? 아이의 성격적 결함은 가볍게 넘어가지만 낮은 점수를 받은 성적표에는 민감한 반응을 보입니까?
4. 여러분의 아이가 동료나 이웃을 대하는 행동들을 유심히 살펴보았습니까? 만일 아이가 악하고 잘못된 행동을 할 때 단호하게 주의를 주었습니까? 아니면 아이가 '철이 들면 고치겠지' 하고 묵인했습니까?
5. 여러분의 아이에게 인사, 정중한 태도, 자세 등에 대한 예절 교육을 시키고 있습니까?

실천해보세요

- 다섯 가지 항목을 체크해 보셨나요? 아이와 함께 구제통에 모은 동전을 자선단체에 보내는 일을 해 보세요.

Tip

합격의 좋은 소식을 들었을 때 드리는 기도 시

선과 선을 행하시는
우주의 왕이신
우리 하나님,
당신은 복이 있습니다!
〈바루흐 아타 하셈 엘로케이누 멜렉하 올람 /하토브 베하마티브〉

교사카드

교사는 이 카드를 부모님 숫자만큼 복사해서 개인별 체크하는 일에 사용하십시오.
시상식에 필요한 자료입니다.

_____ 반(소속) 자녀이름: 부모이름:

일	요일	점검사인	일	요일	점검사인
1주차 1일	월		28일	목	
2일	화		29일	금	
3일	수		30일	토	
4일	목		6주차 31일	월	
5일	금		32일	화	
6일	토		33일	수	
2주차 7일	월		34일	목	
8일	화		35일	금	
9일	수		36일	토	
10일	목		7주차 37일	월	
11일	금		38일	화	
12일	토		39일	수	
3주차 13일	월		40일	목	
14일	화		41일	금	
15일	수		42일	토	
16일	목		8주차 43일	월	
17일	금		44일	화	
18일	토		45일	수	
4주차 19일	월		46일	목	
20일	화		47일	금	
21일	수		48일	토	
22일	목		9주차 49일	월	
23일	금		50일	화	
24일	토		51일	수	
5주차 25일	월		52일	목	
26일	화		53일	금	
27일	수		54일	토	

에필로그

지성과 인성과 성품과 하나님을 향한 거룩한 사람으로 자라게 할 것을 기대하며

 우리는 지금 원하는 것을 얼마든지 손쉽고 빠르게 얻을 수 있는 세상에 살고 있습니다. 이러한 시대를 살아가는 우리 아이들의 가장 큰 문제는 무엇일까요? 현실은 분명 그렇지 않은데도 우리의 삶을 위협하는 모든 어려움들을 아무 문제없이 극복할 수 있다고 착각한다는 것입니다. 그 이유는 해보지 않고 거저 얻은 것들 때문입니다. 그 결과 엄청난 문제를 안고 있는 사회를 물려받을 우리 아이들에게 신앙적 가치를 부여하며 자신 안에 정신적인 것이 들어설 공간을 어디서 마련할 수 있을까요? 저는 이 책에서 우리 아이들을 가르치는 교육의 장으로 밥상, 자연, 침상. 이렇게 세 영역을 소개해 드렸습니다.

 첫 번 교육의 장은 "집에 앉았을 때" 가르치라는 것이었습니다. 이것은 밥상에서 가르치라는 의미로 해석해서 밥상머리에서 하는 교육에 대해 말하였습니다. 밥상을 가족 모임의 중심지로 하여 텔레비전과 컴퓨터를 밀어내십시오. 자녀와 대화의 장으로, 예배와 교육하는 교실로, 에너지를 재충전시키는 충전소가 되게 하십시오. 문자의 발달로 서로 얼굴 볼 새 없이 살아가는 현대인들에게 밥상은 여전히 만남의 장입니다.

두 번째 교육의 장은 "길을 갈 때" 가르치라는 것이었습니다. 이것은 자연에서 가르치라는 의미로 해석해서 '집밖 수업'에 대해 말하였습니다.

요즘 아이들은 웬만한 일에는 감동하지 않습니다. '아이, 시시해' '재미없어' '따분해' 하며 하품을 하고 빨리 끝내라며 몸을 비틀어 댑니다.

아이들은 원래 나뭇잎이 떨어지는 것을 보고도 재미있다고 깔깔대며 웃어대야 하는데 왜 이렇게 되었을까요? 스마트폰입니다. 코앞 15cm 미만의 시야에서 움직이는 10cm 화면만 들여다보니까 멀리 보는 안목도 없고 계속해서 두뇌가 강한 자극을 받아 아예 창의력의 원동력인 직관이 마비되고 있습니다. 그래서 요즘 아파트의 놀이터는 썰렁합니다. 어디에 가도 아이들을 볼 수 없는 세상입니다. 아이들의 '아 아하 하 하하' 웃는 소리도 들리지 않습니다. 모두들 방안에 숨어 버렸습니다.

아이를 데리고 집밖으로 나가십시오. "길을 걸을 때" 가르치라는 명령은 자연에서 배우라는 것입니다. 자연은 평범한 우리로 하여금 창조주 하나님을 인식하게 하고 놀라운 발명가를 만들어주는 교사입니다.

세 번째와 네 번째 교육의 장은 "누웠을 때" 그리고 "일어날 때" 가르치라는 것입니다. 이것은 침대머리에서 가르치라는 의미로 해석해서 잠잘 때, 일어날 때 하는 교육을 말하고 있습니다.

전기의 발명이 인류 문명사에 준 공헌은 이루 말할 수 없이 크지만 20c 인류는 그 대신 그 달콤한 잠을 빼앗기고 말았습니다. 밤과 낮은 뒤죽박죽이 되었고 불규칙한 수면으로 인해 아이들은 예민해졌고 매사에 신경질적인 반응을 나타냅니다. 인성을 파괴시키는데 전등 빛도 어느 정도는 기여했습니다. 이 책에서 제가 가르쳐 드린 규칙적인 수면 교육으로 우리 아이들이 개운한 잠을 자고 일어나게 되기를 바랍니다.

식습관, 자연 친화 습관, 수면습관. 이 세 가지 생활 습관이 지성과 인성과 성품이 바르게 성장하고 하나님을 향한 거룩한 사람으로 자라게 할 것을 저는 기대합니다. 저는 이미 이 세 가지 기본 교육도서로서 '밥상머리자녀교육'(규장), '침대머리 자녀교육'(몽당연필), '유대인의 공부습관'(몽당연필)과 음반을 출간했습니다. 이 책과 이 도서들을 함께 읽으시기를 권합니다. 사랑스런 우리 아이들에게 지금보다 더 좋은 사람들이 사는 미래의 세상을 만들어 주고 싶은 마음입니다.

• 참고 및 추천도서

1. 이영희, 밥상머리 자녀교육(규장)
2. 이영희, 침대머리 자녀교육(몽당연필)
3. 이영희, 유대인의 공부습관(몽당연필)
4. 이영희, 말씀우선 자녀교육(규장)
5. J.Teluskin, 'Jewish Values' (New York.)
6. '왜 아이들은 낯선 사람을 따라갈까? EBS(아동범죄미스터리의 과학) 제작팀 지음.
7. 십계명 음반CD 16set(카도쉬북) www.holyi.com
8. 이영희, 삼위일체 육아법(몽당연필)

매일 5분 54일
생활속 자녀교육

초판1쇄   2015년 3월 5일

글   이영희
펴낸 이   이영희
펴낸 곳   카도쉬북(제 2011-000002 호)
출판등록 2011년 1월 11일
주   소   경기도 광명시 철산동 658 브라운스톤 광명 101-901
전   화   070-7629-1663
이 메 일   holyhi@hanmail.net
홈페이지 www.holyi.com

ISBN 978-11-950430-4-0 13230

*잘못된 책은 바꾸어 드립니다.
*책값은 뒷표지에 있습니다.